1日5分

書けば明日が変わる

できたこと
ノート

永谷研一
Nagaya Kenichi

CROSSMEDIA PUBLISHING

　私は「**人の行動を変える専門家**」です。

　これまで15年の間に、企業の研修などで、1万5000人ほどの受講生を「行動できる人」に変えてきました。最初の一歩を踏み出そうとしている方々の、背中をぐっと押してきたのです。

　最近は企業だけでなく、中学・高校や大学からの依頼も多く、教育の現場でも「行動できる人」「一歩を踏み出せる人」を育てていこうという意識が高まっているのを感じます。

　私の研修では、会場でのトレーニングだけでなく、研修後に実際の行動をアシストするITシステムを使って、参加者の「行動の状況」をモニタリングしています。そのおかげで、この15年の間に、

・どんな人が行動を通じて変化していくのか
・どんな人が変化できないのか

がデータから明らかになってきました。

　そんな中ではっきりとわかったことは、「小さな変化」がどれだけ大切か、ということです。自分のちょっとした「よい変化」に気づくことができれば、それが劇的な変化につながっていく。そんな傾向が見えてきたのです。

　目標を達成させるべく「行動変容」させる専門家の私ですが、「夢を持とう！」「やる気を出せ！」なんて声高に叫ぶ人を見ると、実は少し疲れてしまいます。「夢がなくちゃいけないの？」と突っ込みたくなるときもあります。

　むしろ私は「やる気満々の人」を見ると心配になります。ほとんどの場合、その「やる気」は長続きしないからです。

　データを見ると、目標が高すぎたり、やることが多すぎたりする人は、たいてい途中で挫折することが多いのです。気負いが空回りするのでしょう。逆に、**行動を続けられる人は、淡々と簡単で小さなことを実践する人**なのです。

　「できたこと」を見つめると、大きく変わる

　会社などに属している人であれば、「売上1000万円」のような目標を持たされていることもあるでしょう。でも、日々の生活では、目標なんてなくても暮らしていけます。

　私も含めてほとんどの人は、「大成功したい」と思っている
わけでも、「絶対に出世したい」と思っているわけでもありま
せん。そんなガツガツした人は、実際は少数派です。

　そんなフツーの私たちですが、いまのままでいいのか、とい
うと、少し不安もあると思います。人は誰でも、よりよい生活
をしたいと願っているもの。「ちょっとでもよい自分」に変わ
れたら……。ぼんやりそう思っている人は多いはずです。

　一方で、なんとなく自信がなくて動けない人も、とても多く
見受けられます。そんな人たちは、私から見ると、たくさんで
きていることがあるのに、「自分はダメだ」と言いがちです。

　でも安心してください。誰でも、ちょっとした「できたこ
と」を見つめることで、大きく変わっていけます。
　この本は、そのやり方をお伝えするために書きました。

　本書は、2016年6月に刊行した『1日5分「よい習慣」を無
理なく身につける できたことノート』の内容を、時代の変化
や感情科学・認知心理学・行動科学の研究などに合わせてアッ
プデートし、ページ数も増量しつつ装いを新たにしたものです。

またこの間、「本書のメソッドを実践するための手帳がほし
い」という声にお応えして、2017年9月には『できたこと手
帳』を刊行。おかげさまで、シリーズ累計で5万人を超える
方々のご支持をいただくことができました。

　では、「できたこと」を見つめると、実際にどんな変化があ
るのでしょうか？　たとえば、この本のメソッドを実際にやっ
ていただいた方で、ウエストがちょっと気になっているDさ
んという女性がいました。
　ある日のランチタイム、カフェに行ったときの話です。レジ
横の焼き菓子に目が留まったDさん。「あっ、美味しそうだな。
追加で注文しようかな」と思ったのですが、心の中でこんな声
が聞こえたのです。「最近、ウエストが気になってきたし、ダ
イエットしたほうがいいかな……今日は我慢しよう」
　こういうカフェではいつもは焼き菓子を注文していたDさ
んですが、この日は我慢したのです。

　ほんのちょっとした「できたこと」ですが、このことをきっ
かけにDさんの日常が大きく変化していった、といわれれば、
あなたは信じられますか？
「こんな小さなことなんて、人生に何の影響もないでしょ？」

と思われるかもしれません。

　その日、Dさんがつけたノートには、こんなことが書いてありました。

「この日はレジ横の焼き菓子を我慢することができた。今度、健康診断もあるし、これから少し食事に気をつけようかな。
　最近、昔より体重が増えやすくなったような気がする。あまり身体を動かしていないから、お菓子の我慢だけじゃ足りないかも。そういえば町内でウオーキングが流行っているのを聞いたことがある。運動をするのは大事だな。とりあえず明日から、会社ではエレベーターを使わず、階段を歩いてみることにしよう」

　Dさんは、実際、軽い運動から始めて、休みの日はウオーキングを楽しむようになりました。

　この変化、みなさんはどう感じますか？
　Dさんには明確な目標があったわけではありません。「ダイエットで５キロ痩せよう」などと思ったこともありません。なんとなくウエストが気になって、「レジ横の焼き菓子を我慢し

た」だけ。

　でもその「できたこと」をスルーせずに、きちんと振り返ることで、「痩せるために運動する」という次の行動にすんなりと入ることができました。

　ちなみにこのDさん、身体もスッキリして、3カ月後の健康診断の結果も良好だったようです。周りからも「表情が明るくなったね」と言われるようになりました。

　運動は続けていて、身体を動かして汗をかくことで、毎日、気持ちがいいとのこと。仕事のフットワークも軽くなり、以前にも増して楽しく働けているそうです。

 ## 小さな「よい習慣」が大きな変化を連れてくる

　こうして、「レジ横の焼き菓子をやめる」という小さな変化が、働きぶりにまで影響を及ぼすことになりました。私はこれを、**Dさんが「脱皮した」**と表現しています。

「がんばるぞ。うぉー！」と最初から気合が入りまくり、上昇志向のカタマリというわけではなく、「気づいたら、ひと皮むけていた」というイメージ。要は、Dさんの中にもともとあったいいところに火がともり、中身が磨かれたのです。

「脱皮」というと、小学校の理科で習った「昆虫の変態」を覚えている人も多いでしょう。

たとえばアゲハチョウ。

青虫からさなぎになって、脱皮して、美しいチョウになっていきます。さなぎの中では、大きな羽が育っていたことでしょう。そしてその皮をゆっくり破って飛び立っていく。まさに「ひと皮むけた」存在です。自分の未来にワクワクしますね。

青虫が成長し、やがてチョウになって羽ばたいていく姿を描いた有名な絵本『はらぺこあおむし』（エリック・カール作）が好きな子どもが多いのもうなずけます。

小さな行動が変わって「よい習慣」が身につくことで、小さい変化が生まれます。**小さくても、それはとても大切なこと**なのです。そしてそれらの行動は、「仕事」や「プライベート」というように分類する必要もありません。なぜならＤさんのように、「レジ横の焼き菓子を我慢した」という小さな行動の変化が、働きぶりにまで影響することがあるからです。

仕事でも普段の生活でも、「脱皮」するときの基本は同じ。ですから、この本は「仕事で成果を出したい」という人にも、「もう少し自分の望むような、素敵な生活がしたい」といった

人にも、同じように効果があります。

　小さな行動を変えることは、難しいことではありません。
　しかし、変化のきっかけとなるような小さな行動に気づくためには、そのための時間と方法が必要です。なぜなら、たいていの場合、私たちはあまりに忙しすぎて、自分自身のことを見つめる時間をなかなか取れないからです。

　この本では、1日5分でできる「自分に変化を起こす方法」を、わかりやすく解説していきます。その中心ツールである**「できたことノート」は、日々の小さな「できたこと」を発見し、見つめることで、小さな変化を確実に起こさせる道具**です。

　このやり方は特に難しいものではなく、言ってみれば料理のレシピみたいなもの。手順さえ覚えれば、誰でも簡単にできます。そして、そうして起こした小さな変化は、気づいたら大きな変化となって自分に返ってきます。

　本書のノウハウとしては、15年にわたって積み重ねてきたデータや、行動科学・認知心理学などの知見をベースにしていますが、小難しい説明は抜きにして、「誰でも簡単に始めて、

続けられること」を何よりも最優先にまとめたつもりです。

　ノートを書き続けると、あなたが本当に望んでいることや、大切にしているもの（価値観）までが見えてきます。それによって少しずつ自分のことを好きになり、「私ってこうなんだ！」と、自分自身を再発見できるようなります。

　いまは気づいていない、自分の可能性をたぐり寄せる道具。それがこの「できたことノート」なのです。

　さぁ、肩の力を抜いて、始めましょう。

　　　　　　　　　　　　　　　　　　　　　永谷 研一

1日5分 書けば明日が変わる できたことノート
目　次

第 1 章

なぜ、「できたこと」を 見るとよいのか？

「できたこと」を見つけよう

第 **3** 章

できたことノートを
書く前に

第 **5** 章

できたことノートを続けると 見えてくる「ありたい姿」

「できたことノート」の書き方

「できたことノート」は、20 ページを見ていただくとわかるように、大きく 2 つのパートに分かれています。

　まず左側の「できたことメモ」の部分には、その日を振り返って「できたこと」をメモしていきます。

　そして週 1 回、メモの中から 1 つ「できたこと」を選んで、振り返りの文章を書くのが、右側の「内省文」のパート。内省文は①〜④の 4 ステップで書きます。

　そうして気づいたことを、日々の中で実践していきます。

● 使うときの大きな流れ

1．毎日、感情マークを書いたあと、左側ページのその日の欄に「できたこと」を 1 〜 3 つメモしていく（→ p.20）

2．週 1 回、「ベストできたこと」を 1 つ選び、右側ページに次の 4 つのステップで「内省文」を書く（→ p.21）
　　①詳しい事実……「できたこと」について、より具体的に何があったのか、詳しい状況を書いていきます。

②原因の分析……「できた」理由を探っていきます。「なぜ?」と繰り返すことで、自然と思考が深まります。

③本音の感情……「できたこと」に対する気持ちや、原因の分析をした「いまの感情」を正直に表現します。

④次なる行動……原因の分析や本音の感情を通じて、「もっとこうすればよかったかな」「次はこんなやり方にしてみようかな」と考えたことをもとに、明日から具体的に工夫することを書きます。

3. 気づいた工夫点を実践してみる

できたことメモ

7/8 Mon
- 知り合いを紹介したら、お礼を言われた

7/9 Tue
- レジ横の焼き菓子を我慢できた

7/10 Wed
- いつもより野菜を多く食べた

7/11 Thu
- 駅で階段を使った
- 机の上をきれいに片づけた
- パソコン内のフォルダを整理した

7/12 Fri
- 有給休暇を取ってゆっくりできた

7/13 Sat
- 丸1日、子どもと公園で遊んだ
- 毎食後の歯磨きを1カ月間続けた

7/14 Sun
- 庭の草むしりができた

今週のベストできたこと（ 7 / 9 ）
レジ横の焼き菓子を我慢できた

内省文

① 具体的に何があったのか？

7月9日のランチタイム、お気に入りのカフェに同僚のTさんと一緒に入ったが、いつもは追加で買ってしまう、レジ横に並んだ美味しそうな焼き菓子を、買わずに我慢することができた。

② なぜ、それができたのか？

ウエストが気になってきたし、最近体重が増えやすくなったような気がするから。また、今度、健康診断もあるので、それまでには少し絞ったほうがいいと考えたから。

③ いま、素直にどう感じているか？

うれしい　誇らしい　楽しみ　驚いた　心配だ　悲しい　腹立つ　嫌だ

お菓子を我慢できたことはうれしい。自分もやればできるな、と思う。ただ、このまま健康診断をするのはちょっと不安。少しは運動をしないとまずいかなと思う。

④ 明日からどんな工夫をしてみるか？

お菓子を我慢するだけじゃ足りないかもしれない。最近、体を動かしていないから、健康のためにも少し運動をしてみよう。とりあえず明日から、階段はエレベーターを使わず歩いてみることにしよう。

このワークシートは、「できたことノート＆手帳 公式サイト」にてPDF形式で無料ダウンロードできます（→p.207）。本格的に始めたい方は、別売の『できたこと手帳』もご活用いただけます。

実際にやってみた人の声

返事が変わった

姪に「今日、どうだった？」ではなく「今日、何ができた？」と聞くと、姪の返事が「別に」から、「鉄棒ができた」「マラソン、負けて悔しい」といいことも悪いことも話してくれるようになった。

40代／女性／自営業

笑顔が増えた

生徒に対して、できていないことを咎めるのではなく、できたことを問うことが増えた。同僚とも「できたこと」を言いあって、お互いに笑顔でいられることが増えた。

40代／男性／教員

これからも楽しみ

昔から、自分とは何なのか？　答えが出ずモヤモヤしていたが、自分が大切にしていること、自分の本質的な部分が見えてきた。これからの発見も楽しみ。

30代／女性／会社員

気持ちが軽く

すぐ不安になったりネガティブに
なりがちだったけど、気持ちが軽
くなった。自分で自分を大切にし
てあげられるようになった。

20代／男性／会社員

自分を認められるように

日々の日記も兼ねて、自分のできたこ
とを書いている。何気ない毎日でも、
できたことがたくさんあるとわかって、
自分を認められるようになった。

30代／女性／医療職員

少し変われた

楽しいことを考えられるようになった。
「失敗が怖くて行動できない自分」から
少し変われた。人のために、自分にで
きることが見つけられるようになった。

60代／女性／主婦

第 1 章

なぜ、「できたこと」を見るとよいのか？

あなたの「思考のタイプ」はどっち？

　みなさんは、ものごとを考えるとき、どんなタイプの思考をしていますか？

　ごく簡単に、思考のタイプをざっくり2つに分けると、**「あるある思考」**と**「ないない思考」**になります。

「ないない思考」とは、たとえば、

・仕事を手伝ってくれ**ない**
・相手がわかってくれ**ない**
・給料が少**ない**

といった形で、「○○ない」と考えてしまうこと。これはマイナス思考と呼ばれることも多いでしょう。

　私たちは「ないこと」に着目すると不安を感じます。「ないこと」とは、「足りないこと」や「欠けていること」です。この思考を続けていると、どんどん不安になり、マイナスイメー

ジで心が満たされてしまう。そして、次第に「身体が動かなく」なります。

　要は、行動できない人になってしまうのです。

　一方、「あるある思考」は、心が楽になる思考方法です。プラス思考とも呼ばれます。

・期待されて仕事を任せられている
・私の話を聞いてくれる人がいる
・成果に見合った報酬をもらっている

　このように、まったく同じ状況であっても、捉え方によって「あるある思考」にもなるのです。

　この思考を続けると、自分の中にプラスイメージができあがり、自信が生まれてきます。いきいきとして、活動的になります。実は行動できる人というのは、基本的に「あるある思考」の人なのです。

 「ないない思考」はあなたのせいではない

　問題は、**人は無意識に「ないない思考」に陥りやすい**ということ。

これは人間の脳の特性として避けられない面もあります。とくに私たちは子どものころから、テストなどで周りから評価されることを通じて「欠けていること、足りないこと」に着目する習慣が根づいてしまっています。

　そういった意味で「ないない思考」に陥るのは、実は自然なこと、致し方ないことなのです。ですから、ご自身が「ないない思考」だからといって、自分を責める必要はまったくありません。

欠けている部分に目がいくのは 人間の習性

「ないない思考」になってしまうのが、人間にとってごく普通のことだという点を、読者のみなさんにも少し体感していただきましょう。

　下に2つの丸があります。最初にあなたの目がいくのは、どこでしょうか？
　少し考えてみてください。

┃ どこが気になりますか？ ┃

たいていの場合、右の丸の「欠けた部分」に目がいくはずです（左の丸に目がいって「最高の真ん丸だ！」と思われた方は、かなり珍しい方です）。

　みなさん、**どうしても「足りない部分」「欠けた部分」が気になってしまいます。これは人間の特性です。**

　脳科学的な視点で見ても、脳の「視覚野」と呼ばれる部分の情報処理によって、人間は「欠けた部分を補おうとする」ので、自然に欠けた部分に注目するようになります。

　こうした人間の習性が現れるのは、この丸を見るときだけではありません。残念ながら、他人に対しても「欠けたところ」、つまり「ダメなところ」に目がいってしまいます。

　心理学の研究では、人間には、「観察者バイアス」と呼ばれる、思い込みで相手を見てしまう特性があることがわかっています。つまり、相手の悪い部分ばかり気になるのは無理もないこと。相手に対して期待するぶんだけ、「欠点」が気になってしまい、いい面には気づきにくいのです。

　たとえば、やることがゆっくりしている人のことを、私たちはたいてい「あいつはノロマだなあ」と思ってしまいます。「あの人は、やることが丁寧だなあ」とはならない。これも

「いいところ」ではなく、「欠けたところ」にばかり目がいっている証拠です。

　問題なのは、こうした他人への見方だけではありません。実は私たちは、自分自身に対しても同じ見方をしてしまっているのです。いいところではなく、自分の足りないところ、欠けているところばかりに目がいく。悪いところばかりが気になってしまう。

　背が低いから、頭が悪いから、運がないから……。

　でも、本当にそうでしょうか。そんなに自分は欠けたところだらけですか？

子どものころから鍛えられた「残念な視点」

ダメな部分に目がいってしまう特性を持っている私たちですが、その特性が「訓練」され、「強化」されるのは、小学校に入学したころからです。

お子さんがいない方も、仮に自分がお父さん、お母さんになったと想像してみてください。

小学1年生のお子さんが、90点の漢字テストを持って帰ってきました。そのときに、みなさんはどんな言葉をかけますか？

「がんばったね。もうちょっとで100点だったね」

ほとんどの方がこのように声をかけるはずです。この声かけの、どこがよくないかおわかりでしょうか？　少し考えてみてください。

このような声かけの問題点は、「もうちょっとで」という言

葉に表れているように、**注目しているのが「取れなかった10点の部分」**だからです。よかった90%に目を向けているのではなく、ダメだったほんの10%に注目しているのです。

　テストが30点だった場合はなおさらです。「もっとがんばらないと！　先生の話、聞いているの？」となってしまう。子どものことが心配なぶん、「すごいね。30点も取れたね」という発想にはなりにくいのです。

　幼稚園や保育園では、基本的に何をやっても「マル」だったはずです。「正しい泥だんごのつくり方」など習いませんし、「あなたの泥だんごは60点」と言われることもありません。歌が歌えるようになった、太鼓ができるようになった、登り棒に登れるようになった……。すべて「マル」ですから、「学び」は楽しかったはずです。

　しかし、小学生になると様子が違ってきます。テストの解答用紙にたくさん「マル」がついていたので、ワクワクして家に帰って来ると、「こんなところを間違えて！」と言われたり、「お兄ちゃんはいつも100点だった」と兄弟や友達と比較されたりし始める　　。

　本来は楽しかったはずの学びが、学校に入って点数の序列の

中でマイナス面を指摘されるようになると、受け身になってしまうのです。

　こんなことが続くと、**私たちは無意識のうちに、傷つかないように自分を守ろうとします。**「それは習ってない」と言い出したり、ちょっと計算を間違えたくらいで「私は算数が苦手だから」と言うようになったりするのです。

　これらは、自分が傷つかないようにするための言葉なのですが、切ないですよね。

 ## いつもマイナス面を見るようになっていく

　このように言われて育つと、誰でもついマイナス面ばかりに着目するようになります。100点を取らない限り、毎回ダメな部分を指摘されるのですから、当然です。

　もちろんこれは、子どものテストだけではありません。みなさんの日常生活や仕事においても、「できないこと」ばかりを注意されることがないでしょうか。

　家では「あなたはいつも部屋が汚いわね。なんで掃除しないの?」と言われたり、会社では、「また発注ミスをしたんだって?　確認を怠っただろ。今後は気をつけるように」と言われたり……。

　人は**できなかったことや失敗したことばかりを指摘され続ける**と、いつも「自分のダメな部分」に注目するようになってしまいます。要するに、私たちはマイナス思考になりやすい環境に置かれてきた側面があるということ。

　私たちはみんな、

「欠けているところを見ることを訓練されてきた、欠点探しのスペシャリスト」

なのです。

　その逆に、生徒の「やる気」を伸ばすことで有名なある先生は、たとえ0点であっても、できたところをほめるそうです。
　でも、0点なのにどうやって？

　たとえば消しゴムで消した部分があれば「何度も計算してがんばったね」と、欠点ではなく、「**できたこと**」を見つけようとすれば、ほめる部分は見つかると言うのです。

「反省」すると
あなたの成長は止まる

　会社でも、学校でも、よく「反省会」が行われます。欠けたところを見つけるのが習慣となっている私たちは、反省会が大好き。しかし、私はこの反省会に反対です。なぜなら、**人は「反省」させると、その場しのぎの思考となり、本当の気持ちをさらけ出すことができず、とりつくろってしまう**からです。

　表向きはわかったような顔をしていますので、周りは「わかったんだろう」と勘違いしますが、うわべだけの態度の可能性が高いのです。

　辞書で「反省」の意味を見てみると、次のようにあります。

・自分のよくなかった点を認めて、改めようと考えること

　つまり、反省とは、自分の悪い面に着目すること。自分のダメなところを見つめる苦しい行為なのです。すると「私は○○をしてしまいましたが、もう二度と同じことはしません。すみませんでした」という「他者に向かった」言葉になりがちです。

つまり見つめているのは、自分の「表面的な部分」だけ。「すみません」と言っても、形だけです。

　子どもが悪いことをしたとき、親は「もうしないわね？『はい』は？」と子どもを問い詰め、「はい……」と言わせることがありますが、これも表面的です。
　親は「はい」と言わせたことで満足してしまいますが、子ども自身は、自分と向き合ってはいません。「『はい』と言っておけばいい」というその場だけの反応になってしまっています。

　仕事の場でも同様です。たとえば、仕事の中で、数値に誤りのある報告書を提出してしまった場合。その場しのぎで、「間違いのある報告書を出してしまいました。二度と同じミスが起こらないよう、十分に注意をしていきます」と謝ります。
　でも、このような反省で何か変わるでしょうか？

　反省には、「自分の本音の心に向き合う」という最も大切な作業が、すっぽり抜け落ちているのです。必要なのは、その場をとりつくろうことではありません。本当に大切なのは、自分自身と向き合うこと。これを「内省」といいます。
　内省とは読んで字のごとく「内を省みる」ということ。自分

の行動や考えを深く振り返ることです。自分で自分を観察すること、「自己観察」ともいえます。

 ## 必要なのは、「反省」ではなく「内省」

　内省は、自分の心との会話です。「間違いのある報告書を出してしまった」ということについて、「なぜそうなったのか」と内省をすると、本当の理由を導き出すことができます。

・締め切りまでの時間がなくて焦っていた
・周りに相談しにくかった

　まずこうした簡単な理由はすぐ見つかるでしょう。そしてさらに、**自分に対して素直になることで、心の奥の本音にアクセスしていくと、根本の原因が見えてきます。**

「ところで、なんで相談できなかったんだろう……？」
「間に合うと言った手前、あとになって『やっぱりできない』と言いにくかった。カッコつけていた」
「変にカッコなんかつけず、もっと早く周りに相談すればよかった」

　ここまで本音が出てくれば、しめたものです。

「締め切りを延ばしてもらうように交渉すべきだった」
「せめて先輩に相談すべきだった」

　など、次に活かせるいろいろな解決策を自分の力で引き出すことができます。なぜなら内省すると、次に何をすべきか、自分で気づくことができるようになるからです。

　反省をするのは、今日からやめましょう。
　反省は、自分の「ダメだった行動」を見るだけの作業です。**私たちに必要なのは、自分の「本当の気持ち」を見つめる内省のほうなのです。**

　まとめると、

・**反省は「他者に向かったとりつくろった思考」**
・**内省は「素直に自分と向き合った本音の思考」**

となります。
　しかし「内省すればいい」と簡単に言っても、この「素直に

なって本音で考える」ということがなかなかできないのが人間。
その理由は、心の奥に「フタ」があるからです。このフタとは
何なのかは、のちほど詳しくご説明します。

言い訳で、自分はできないと 決めつけてしまう

　私はさまざまな企業や学校で「目標に向かって行動を習慣化する」人材育成の仕事をしています。その中で、行動する人としない人の違いをたくさん見てきました。

　私の研修では、受講生は行動計画を立てるのですが、それだけで終わりません。

　企業の研修では、受講生は全員、研修が終わって職場に戻ったあとに、私が考案した IT システムを使って、「計画した行動ができているかどうか」と、「行動について内省した文章」を記録していきます。すると各人のデータが大量にたまっていきます（この IT システムは日・米で特許を取得することができました。私が発明家と名乗っている所以です）。

　私はこのデータをいろいろな角度で分析しています。

　たとえば、「行動しない人がどんな言い訳をするか」もわかってきました。行動をしない人は、どんな言い訳をすると思いますか？　少し考えてみてください。

[行動しない人の言い訳トップ3]

・忙しくて時間がなかった（時間不足）

・自分のせいではない（他責）

・計画が悪い。来週からがんばる（先延ばし）

　いかがですか？　思い当たるフシはあるでしょうか。こうした言葉を日常的に使っている方は、要注意。行動できなかった理由を深く考えておらず、当たり障りのない表面的な思考をしているだけかもしれないからです。

　また、言い訳が思い浮かんだとき、それを口に出すと、自分の言い訳を耳からも聞くことになります。「思う」ことに「聞く」ことが重なり、「できない」という自分を否定するような自己イメージ（セルフイメージ）が固定されてしまいます。

　専門的には「ラベリング効果」と言い、自分へのラベル付け、レッテル貼りのことです。**言い訳によって「自分はできない」と決めつけてしまうのです。**

「そんなことはわかってるよ」と思われるかもしれません。それでも、人は言い訳をしてしまいます。その原因は何なのでしょうか？

　ここで、言い訳をしてしまう原因を見てみましょう。

「忙しい」「自分のせいじゃない」「計画が悪い」

　実は、上の見出しに挙げたような言い訳は、すべて固定観念や思い込みからきています。
「忙しい」と思い込んでいるだけで、優先順位をつけるなど、工夫すれば時間をつくれたかもしれません。「自分のせいじゃない」と決めつけているだけで、早く周りの人に相談すればよかったのかもしれません。「計画が悪い」と思い込んでいるだけで、計画を変える方法があったかもしれません。

　問題は、そんな思考に陥っている自分に気がついていないこと。だから言い訳を重ねて、できない自分を正当化しようとしてしまうのです。

　では、なぜ自分を正当化しようとするのでしょうか？
　それは**「自分の本当の気持ち」とのアクセスを遮断している**から。それが次の項で詳しくお話しする「心の中にあるフタ」の存在です。私たちの心には、どのような人にも必ずこのようなフタがあります。そして、本当の気持ちをそのフタの下に隠しているのです。

本当の気持ちを隠す「フタ」の存在

　人間が生まれたときには、自分に対しての思い込みや決めつけはありません。「やる気のない赤ちゃん」はいませんよね。「無邪気でない子ども」もほとんどいないでしょう。誰でも最初は、創造性や好奇心にあふれていて、気持ちのおもむくままに、いろいろなことをして遊んでいたはずです。毎日がワクワクだったことでしょう。

　それが、大きくなるにつれ、社会に適応しなくてはならなくなり、「本音をさらけ出して無邪気に」というわけにはいかなくなります。また勇気を出して行動したら、逆に痛い目にあったこともあるでしょう。

　こうした経験を経て、私たちは少しずつ自分の「本音と建前」を上手に使いこなすようになります。社会経験の中で「うまく生きる術」を身につけていくのです。

　しかし、このように社会性が身につく一方で、大切な本音の

感情をどんどんしまい込んでいくようになります。そして「私はこうあらねばならない」と思い込んでいくのです。

　実は誰の心の中にも、「フタ」があります。

　人はうまく生きるために、「純粋な心」の上にフタをして、図の三角形の「外に見えている自分」を使って過ごしているのです。

　言い訳は、まさにこの部分から出てくるもの。**ヘタに「純粋な心」をさらけ出してしまうと、自分が傷つくことになりかねないからです。**

｜「 心 の フ タ 」の 下 に あ る も の ｜

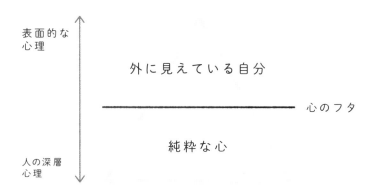

表面的な心理

外に見えている自分

心のフタ

純粋な心

人の深層心理

たとえば、「時間がなくてできませんでした」という言い訳
をしているとき、「純粋な心」は、「仕事がうまくいかなくて悩
んでるのに、相談できる人がいないよ……」と叫んでいます。
でも、それは表に出しては言わないもの。「相談できる人がい
ない」なんてことを認めたら、自分が一番傷つきますから。

　このように「心のフタ」によって、私たちは傷つきやすい純
粋な心を守っているのです。

　言い訳をしがちな人というのは、**心の奥に、何か直視したく
ない悩みを抱えている**場合が多いもの。本当は、この心のフタ
を外すことができれば一番いいのですが、実際にはほとんどの
人は、重いフタを閉めたままで、日常を送っています。本当の
心を隠して過ごしているのです。

「言い訳はやめよう」と言っても、それが難しいのは、言い訳
とは、無意識のうちに「純粋な心」を傷つけないように自分が
取っている「自己防衛本能」だからです。ですので、一概に言
い訳が悪いことだとは言えません。ただ、言い訳している自分
に気づければいいのですが、多くの場合、本人は言い訳してい
ることにさえ気づいていません。

　それゆえに、

「本当に時間がなかった。明日からやろうと思っていたんだ」
「計画がまずいのは指示が悪いんだ。私のせいじゃない」

などと言い訳に言い訳を重ねてしまうのです。しかも「これは
言い訳じゃない」と思い込んでいます。
「純粋な心」は傷つきやすいので、フタをしておいたほうが安
全。柔らかく傷つきやすい心をフタが守っています。しかしそ
のフタの存在こそが、自分の「いい方向への変化」を阻んでい
るのです。

心のフタを開けるには
「自己肯定感」が必要

　この「思い込みによる心のフタ」は誰もが持っています。「純粋な心」に気づかず、「自分はこういう人間だ」という思い込みの姿を表に出して、私たちは毎日を送っているのです。

　人は家庭生活や社会生活を通じて、さまざまな役割を持っています。家ではやさしいお母さんであったり、会社では頼れるリーダーであったり、その役割に応じて性格があります。
　これは、心理学では「ペルソナ（役割性格、表面的な人格）」と呼ばれ、自分の思考にも影響を及ぼします。皮肉なことに、この**「役割をまっとうしようとすること」によって、心のフタをつくり出してしまう**のです。

　もちろんペルソナがあることは、一概に悪いことばかりではありません。会社では「頼れるリーダー」として、問題にぶつかったときも逃げることがない責任感の強い上司。週末は「やさしいお母さん」として、子どもと遊んであげる陽気なママに

なる。「私はこういう人」という思い込みがあるからこそ、そのキャラクターを演じて生きていける面もあります。

　ただ問題なのは、その思い込みによるフタが思考停止に陥る原因になってしまうことです。**深く考えず、本音に触れず、とりつくろってしまう。すると周りにいい顔をする「作文」のような思考になってしまう**のです。

　キーになるのは、「どうすれば、このフタを開けることができるか」ということ。フタが開けば、その下にある純粋な心にアクセスすることができますから、自分と本音の会話ができるようになります。

　実は、このフタを開ける方法があるのです。

　それは「**自己肯定感が高い状態をつくる**」こと。自己肯定感が高い状態とは、「自分は大切な存在であり、価値ある人間だ」と自分で自分を認めている状態のことをいいます。

　自己肯定感を高めると、欠点も含めて、ありのままの自分を受け入れることができます。そして心のフタを開けることができるようになります。

　要するに、自分に対してやさしく正直になれる、ということです。

フタを開けて、自分の本当の気持ちに対して上手にアクセスできるようになると、何か行動を起こすときに、万が一うまくいかなかった場合のリスクなども含めて客観的に受け止めることができるので、

「失敗しても、絶対に挽回できる」
「万が一、傷つくことがあっても、なんとかなる」

と前向きに考えることができるようになります。
　たとえば、仕事の壁にぶつかったとき「この仕事は失敗できないぞ。嫌だな」と考えているうちは苦痛でしかありません。しかし「この仕事がうまくいくと、こんないいことがある」と考えるとワクワクしてきて、困難にも立ち向かう勇気が湧いてくるのです。

「人の行動を変える」ことを専門にしている私が、自己肯定感にこだわる理由はここにあります。**自己肯定感が高い人というのは「行動できる人」**だからです。行動が変わらなければ、何も始まらないのです。

「できたこと」に着目しよう

　　自分の成長を阻んでいる「思い込みによるフタ」を開けるためには、自分を肯定的に見ている状態が必要だ、ということはわかっていただけたと思います。

　　次に考えなくてはいけないのは、「どうすれば、自己肯定感が高い状態をつくれるか」ということです。

　　この状態は、実は誰でも簡単につくることができます。そのためにするとよいのは、

「毎日、具体的な『できたこと』に着目する」

ということです。

　　言い訳は、「できなかったこと」を見ているので「ダメな自分を見つめる思考」だと言ってもいいでしょう。うまくできたことに関して、普通は言い訳したりしないですからね。

そこで、**着目するものを「できなかったこと」から「できたこと」に変える**。最初の段階から、言い訳思考にはまらないために、「とっかかり」を変えるのです。

「反省しない」「言い訳しない」というと、これは精神論になってしまいます。でも、「できたこと」だけ見るようにすれば、最初から反省も言い訳も必要がなくなります。

「そんなにできたことなんてないよ」と言われるかもしれませんが、小さな「できたこと」であれば、１日の中で１つや２つ、必ず見つけることができます。
「できたこと」を見るということは、小さな成功体験を確認するということ。そうなると、毎日が何かしら「うまくいったことの積み重ね」であることを実感できます。「実は成功体験をずっとしてきた」ということに気づき、「なかなか自分もやるじゃないか」ということを自分に思い込ませることができるのです。

　このように、「できたこと」に着目するクセをつけると、セルフイメージがどんどん上がっていきます。

今日のあなたは
こんなにできている

　小さな成功体験を毎日感じることができるようになると、肯定的に自分を見られるようになっていきます。そして心のフタが開き、自分の本当の気持ちと会話できるようになります。

「できたこと」というのは、何も「プロジェクトを成功させた」「資格試験に受かった」といった、大きなことだけではありません。むしろ、**日々の小さな「できたこと」でいいのです。**その中にこそ、自分を大きく変化させてくれる種が隠されているのですから。

「机の上をきれいに片づけてスッキリした」
「苦手なプリンターの設定を初めて自分でやった」
「今日は 10 分早く出社して、落ち着いて仕事を始められた」
「お菓子を配ったら『ありがとう』と言われた」

　こんな「小さな事実」に気がつくことが何より大切です。こ

の日々の小さな「できたこと」こそが、自分を変えるカギなのです。

「誰かに高く評価されなければ『できたこと』とは言えない」などと厳しく考える必要はありません。小さなことでかまわないのです。

　研修を行うと、よく「私なんて何もできていません」と言われる方も多いのですが、お話を聞いていると、「できたこと」だらけだったりします。

　謙遜が身につきすぎていると、自分のできたことに気がつかないのかもしれません。

あなたは、すでにたくさん「できている」のです。

「できたこと」と 「したこと」は違う

　ここで確認をしておきたいのが、

・できたこと
・したこと

は、似ているようで違うものだということです。
「できたこと」というのは、**「できてよかったと思えたこと」**
を指しています。一方「したこと」というのは、「いつも通り
こなしたこと」です。たとえば、

・夕飯を食べた

は「したこと」です。しかし、

・夕飯をよくかんで食べられた

となると、「できたこと」になります。単なる「したこと」では、今日あれをした、これをした……というただの「やったこと」の羅列になってしまいます。これでは自分の変化の芽を見つけることができません。

　よかったこととは、自分の中の物差しで見つけることなので、ほかの人には気づいてもらえないような小さいこともあるでしょう。それでいいのです。

 同じことでも、状況により「できたこと」になる

　一見、ただの「したこと」に見えても、人によっては「できたこと」になることも、実はたくさんあります。

・アポイントメントを取った

　営業の一線でバリバリ働いている方であれば、アポイントメントを取るのは日常業務ですから、単に仕事で「したこと」になります。しかし「入社して初めてアポが取れた」「なかなか取れなかったＡ社の部長のアポが取れた」「先月より３件多くアポが取れた」となると、話は違います。これらはすべて、よりよく「できたこと」です。

　ですから、人や状況によって、同じ「アポを取った」でも、

「したこと」だったり、「できたこと」になったりします。

　何がよかったのかをちょっと意識して、

・初めてアポイントメントが取れた

とすると「どの点がよかったのか」がわかります。

「できたこと」を見つけることは、自分の中に眠る「エネルギーの源泉」を見つけていくことでもあるのです。

　Ｔさんは、人前でのスピーチが苦手でした。しかし会社で部署のリーダーになったことで、人前で話すことが増えてしまい、これが悩みの種だったといいます。ところが「できたこと」を探すために、自分のスピーチに関してよかったところを毎日メモして観察するようになったことで、ずいぶんと自分への見方が変わったそうです。
「いつもより大きな声で話せた」「今日は少しだけ笑いが起きた」「前の人がうなずいて聞いてくれた」など、小さなできたことがノートにたまっていきました。そのうち、「自分のスピーチもまんざらではない」と思えるようになったそうです。いまでは苦手という意識が薄らいできたと話します。

Ｔさんのように、**小さな変化をメモし続けるだけで、前より
も少しよくなっている自分に気がつくことができる**のです。

 できたことメモのやり方

　１日の終わり、数分でいいので、その日を振り返って「でき
たこと」を３つメモしましょう。手帳でも、スマホのメモ機能
を使ってもＯＫです。３つ浮かばない場合は１つでもかまいま
せん。

　そして寝る前に、そのメモを読み上げます。続けて、次のよ
うに言ってから眠りにつきます。

「今日はよくできた。明日もよくなる」

　ばかばかしい子どもだましのように聞こえるかもしれません
が、そんなことはありません。これは脳科学の側面から見ても、
正しいやり方なのです。

　実は、ポジティブな考えになると、チロトロピンという甲状
腺ホルモンが分泌されます。このホルモンが増加すると、チャ
レンジする意欲が活発になります。自分で「できたこと」を認
めるのは、「自分の未来を切り開くホルモン」を増やすことと
いってもいいでしょう。

　また、実際に声に出すことで、聴覚を通じて自己暗示にもかかりやすくなります。こうすることで、脳もそう思い込んでくれるからです。

「楽しいから笑うのではなく、笑顔をつくると脳が楽しさを感じる」という話は、ご存じの方も多いかもしれません。「前向きな言葉を口にし続ける人は、思い通りの人生を歩むことができる」と言われているのは、安っぽい精神論ではなく、科学的にも一定の根拠が認められていることなのです。

　今日１日がタフな日であったとしても、寝るときにはこの言葉を唱えて、自分にプラスの暗示をかけることを習慣にしていきましょう。

毎日の気持ちのマークで感情を観察するクセをつける

ここで質問です。

みなさんは、自分の感情をうまくコントロールできていますか？

人間は誰でも、気持ちや感情の変化があります。仕事がうまくいって「うれしい」という感情が生まれたり、友達とケンカしてしまって「悲しい」という感情が生まれたりします。

ただ、人間ですから、感情をうまくコントロールできずに、いわゆる「感情的」になって突発的な行動をしてしまったり、ムダに落ち込んで自暴自棄になってしまったりすることだってあります。感情は自分自身の大切なもの。でも同時にやっかいなものでもあるのです。

このように過度なアップダウンがなく、いつも冷静に感情の変化をコントロールできるようになることはとても重要なこと。

そのためにはまず、「日々、自分の感情を観察する習慣」が有効です。

　その方法は、実はとても簡単。それは毎日、ノートや手帳などに、**「その日の中の一番強い自分の感情」**として、自分がどんな気持ちだったかを書くだけです。気持ちを書くといっても、難しい文章を書くのではありません。自分の感情を、絵文字や言葉のマークで書き込むだけです

　（できたことノートのワークシートには、曜日のところに点線で描かれた円があるので、その中に書き込みます）。

　そのときの感情をマークで表してみましょう。顔文字でもいいですし「喜！」「やった！」「残念！」「苦」といった文字マ

感情マークの書き方例

ークでもかまいません。書くよりも「描く」ですね。

　このように、「感情マーク」を書き入れることで、自分の感情を客観的に見るクセがついていきます。まるで自分の心の中にもう一人の自分がいて、冷静に観察しているようです。

　そうすると、次第に冷静に自分のことを見られるようになり、たとえつらい状況にあったとしても、

「自分は今日はがんばりすぎかも」
「私っていま、けっこう大変なときだな」

と落ち着いて自分の気持ちを分析できるようになります。凹んだ自分に気づくことで、自分に対してやさしい気持ちが芽生えるのです。

　感情を表すのが難しければ、いくつかの選択肢の中から選ぶ方法でもかまいません。
　人には、うれしい、わくわくするといったプラスの感情と、不安だ、イライラするといったマイナスの感情がありますが、以下では８つの基本感情を説明します。

①喜び（joy）「すばらしい」「うれしい」「ほっとした」など
②信頼（trust）「誇らしい」「よくやった」「さすがだ」など
③期待（anticipation）「面白そう」「わくわくする」「興味が出
　　　　　　　　　　た」など
④驚き（surprise）「驚いた」「びっくりした」「予想外だ」など
⑤恐れ（fear）「心配だ」「不安だ」「こわい」など
⑥悲しみ（sadness）「悲しい」「寂しい」「泣きそうだ」など
⑦怒り（anger）「イライラする」「腹が立った」「ひどい」など
⑧嫌悪（disgust）「嫌だ」「こりごりだ」「うんざりだ」など

※アメリカの心理学者のロバート・プルチック氏は1980年、8つの基本感
　情と、2つの感情の組み合わせである応用感情から成り立つ「感情の輪」
　を提唱しました。8つの基本感情として、喜び、信頼、期待、驚き、恐れ、
　悲しみ、怒り、嫌悪があるとしています。

　マイナスの感情がダメで、プラスの感情さえあればいいかと
いうと、決してそうではありません。**プラスの感情によって満
足してしまい、「現状維持バイアス」で行動を変えることがで
きなくなることだってあります**。プラス・マイナスどちらも、
大切な私たちの感情なのです。

マイナスの感情にとらわれたときには

　誰しもイライラが収まらなかったり、怒りの感情がどうにもできなかったりするときがあります。不安で眠れない夜もあるかもしれません。

　そんなときはたとえば、「イライラ！」「怒！」「不安！」とだけ書いてください。できたら小さい声で「私はイライラしている」「私は怒っている」「私は不安でいっぱいだ」と読んでみましょう。

　この瞬間、あなたは「イライラしている自分」から抜け出して、「イライラした自分を観察している自分」に変化しています。「あー、この人、イライラしているのね」と自分のことを他人目線で見ている感じ。まさにモニタリングですね。次第に「ここはちょっと落ち着く必要があるな。ゆっくり考えよう」など、考えや行動をコントロールができるようになります。

　このように、考えや行動をモニタリングしコントロールする、といった心理的プロセスを、専門的に「メタ認知」と呼びます。メタとは「高い次元」という意味で、上から自分を眺める感じ。実際は心の中の、自分の内面との対話です。

｜ メ タ 認 知 ｜

一段上から自分を認識する

（自分の内面との対話）

考えや行動をモニタリング

考えや行動をコントロール

現実世界

　もちろん、そのひと言さえ書けない日もあるでしょう。あまりにも凹んでいたり、打ちのめされたりした日は、自分の感情と向き合うのさえ、いやになってしまうものです。でも安心し

てください。そんなときでも方法があります。そんなときには、「感情が書けない」「気持ちと向き合えない」ということを表現した感情マークを描いてください。

　これで十分です。これも立派な感情ですから。

　　　　　　　　XX　　無理！イヤ

　このように感情を観察する習慣が身につくと、どんな状況でも冷静に対処でき、自分をコントロールすることができるようになります。次第にストレスへの耐性もできてくるのです。

 マイナスの感情と向き合う価値

　東洋思想に「陰陽論」があります。すべては陰と陽でできているというものです。

　陽は明るくていい、陰は暗くて悪いというものでは決してありません。どちらも大切。方向が違うだけなのです。「陰極まれば陽に転じ、陽極まれば陰に転ず」という言葉にあるように、陰と陽はいったりきたりの表裏の関係です。

　つまり、**マイナスの感情を見つめる**ことができるからこそ、**プラスに転ずる**ということです。まさに陽転です。

　そして、行動科学から見て、感情がなぜ大切なのかというと、**人は感情によって動機づけられ、行動する**ことがわかっているからです。

　たとえば、スポーツをがんばっている人が、苦しくても練習に打ち込めるのは、勝って喜びたいから。仕事やイベントで、前もって何かを準備をするのは、何もしないでいては不安だからです。

　私が、毎日「感情マーク」を描くことを勧めて、内省でも感情と向き合う手法にしているのは、実は「次の行動」へ結びつけるためなのです。

　自分を肯定的に見て、さらに行動を磨けるようになるには、湧き上がる「感情」を否定も肯定もせず、あるがままに受け止めることが必要です。

　そのためには、**「感情を観察する」**習慣が役に立ちます。「自分がどんな気持ちなのか」を記入し、なぜそんな感情になったのかを振り返るのです。

自分の「認知のクセ」を把握する

　何かが起きたとき、感情が湧き上がるのが人間ですが、感情の元になっているのが「認知のクセ」です。

　認知とは、できごとに対する、自分の考え方や捉え方のことです。たとえば、

「人から『ありがとう、助かるよ』と言われるととてもうれしくなり、その人はいい人だなと考える」

とすると、この「うれしい」が感情で、「ありがとうと言われると、相手をいい人と考える」が認知です。また、

「友達に無視されると悲しくなり、私は嫌われていると考える」

とすると、この「悲しい」が感情で、「無視されると、私は嫌われていると考える」が認知です。

　人は過去の経験や性格に違いがあるので、正解・不正解はありません。すべてが正しくありのままの自分自身なのです。

　先ほど説明した、毎日、感情マークを描くという行為は、自分の認知パターンを知ることにつながります。いつも繰り返していると、「自分はどんなことが起きるとどんな捉え方をして、ポジティブな感情（うれしい・楽しい・よかった、など）になったり、ネガティブな感情（不安だ・悲しい・腹がたつ、など）になったりしているのか」というパターンがわかってきます。

　このように、自分の認知のパターンを知ることで、**短絡的な考えや行動にならずに、自分をコントロールすることができます**。すると一時的な感情に振り回されず、豊かな気持ちで生きることができるようになるのです。

 自己肯定感が下がったときの 3 つの特徴

　どうしても欠けた部分に先に目がいってしまう人間の特性や、小さいころから誰かと比較されてきたことなど、「自己肯定感が下がってしまう」という状況自体は誰にでも起こりうることです。

　つまり、アップダウンは誰にでもあること。また、言い方を

変えれば、自己肯定感が下がるということ自体は、ある意味、心がある人間らしいことでもあり、否定するようなものでもありません。

　問題なのは、自己肯定感が下がったことに気づかず、自暴自棄になったり短絡的になったりしてしまうこと。そこで、自己肯定感が下がったときの特徴を掴(つか)んでおけば、たとえそんな状況になったとしても落ち着くことができるはずです。

　あなたがいま、次の3つに当てはまったら、「自己肯定感が下がっている」サインです。

①ほめ言葉や感謝の言葉を素直に受け止められない
「すごいね」「ありがとう」と言われても素直に受け止められず、何か裏があるのではないか、頼みごとをされるのではないかと勘ぐったりしてしまう。

②忠告されたときに「怒り」が湧き上がる
　せっかく相手がアドバイスしてくれているのに、非難・否定されたように受け取って、反発する気持ちになってしまう。

③失敗すると言い訳ばかり繰り返す
　失敗を認めることができず、言い訳を続けてしまう。前述し

たようなさまざまな言い訳を繰り返してしまう。

　どうでしょうか。私たちは心ある人間ですから、思い当たる部分があってもおかしくはありません。実際、こうしたことは誰にでもあることです。

　私は、自己肯定感が高ければよく、低ければダメとはまったく考えてはいません。先ほどもお話ししたように、むしろ誰でも自己肯定感が下がることはありえます。大事なのは、その状態に気づけるかどうかだけ。

　そのためにも、自分の心の変化を観察する習慣が有効なのです。もし下がっていることを発見できたら、

「あっ、しなくてもいい言い方をしちゃったな。いま自分は自己肯定感が下がっているかもな。うん。でもしょうがない。むしろ人間らしくてかわいい。まあ、今日は早く寝て、明日またできることから取り組めばいいや」

という感覚でいきましょう。

　このように、ありのままの自分を認めることが大切なのです。

がんばらないと、うまくいく

　自分の「できたこと」を探すときに、がんばる必要はありません。根性はいりません。「がんばって自己肯定感を上げよう！」という言葉自体に無理があるというのは、みなさんもおわかりだと思います。

　そうではなくて、たとえば、

「いつもの仕事が10分早く終わった」
「アポイントメントを3件多く取れた」

といった一つひとつの「小さな事実」に目を向けていきます。そういった「小さな成功の積み重ね」を見つけていくことで、自然と自己肯定感が上がっていくからです。

　そもそも「根性」というのは、長続きしないものなのです。気合でぱっと火がつきますが、状況が変わると、ぱっと消えてしまいます。

　ですから私などは、プロジェクトメンバーにやる気満々の人がいると、とても心配になります。そういう人の中で、毎日、

遅くまでがんばったことが原因で、途中で身体を壊したり、メンタルに問題が発生したりする人がいるからです。気負いすぎて、プレッシャーにつぶされてしまう人もいます。

　この本で、自分の「できたこと」を見る視点を身につければ、がんばらなくても自己肯定感は自然に上がります。
　だから、がんばる必要はありません。むしろ、がんばらないでください。

　もし一つだけ、がんばる必要があるとするならば、「がんばらないことをがんばる」。それだけです。

第 2 章

「できたこと」を
見つけよう

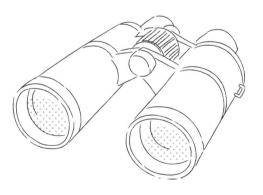

「できたこと」の上手な探し方

　これからいよいよ、「できたこと」を探していきます。できたこと探しは簡単で、楽しいものです。なぜなら、自分のいいところ、よかったところをたくさん見つける作業だからです。

　「できたこと探し」は、慣れてくると簡単なのですが、最初は戸惑われる方もいます。そこで「できたこと」が見つかりやすいように、「めがね」と「レンズ」という自分を見つめる道具を使います。

　右ページの表をご覧ください。めがねは、「どんな変化を見つけるか」という分け方で3種類あります。

「感情」の変化を見る **Happy のめがね**、「数字」の変化を見る **Number のめがね**、そして「人の反応」の変化を見る **Person のめがね**の3つです。

　さらに「どのような視点で見るか」という切り口で、**それぞれのめがねに3つずつレンズがあります。**

3種の「めがね」と「レンズ」

めがね	種類 (何の変化を見つけるか)	レンズ (どのような視点で見るか)		
Happy	「感情」 気持ちいい	①スッキリ	②ワクワク	③ハツラツ
Number	「数字」 数で示せる	①時間	②数値	③習慣化
Person	「人の反応」 いい反応	①感謝	②表情	③行動

　このように整理して、自分のやってきたことを見つめると、誰でも簡単に「できたこと」を探すことができます。

　それでは、次のページから、それぞれのめがねとレンズの使い方を説明していきましょう。

「気持ちいい！」を見つける Happy のめがね

　日常の中で、「気持ちいい！」という感情の変化を探していきます。小さなことでかまいません。1日の生活の中で、気持ちがちょっと上がって幸せな気分になったことがないか、振り返ってみましょう。

　第1章で「感情にはプラスとマイナスがあること」を説明しましたが、ここでは、その日の行動の中でポジティブな感情の変化を探していきます。

　では、探しやすいように、「Happy のめがね」に次の3つのレンズを入れてみます。「**スッキリのレンズ**」「**ワクワクのレンズ**」「**ハツラツのレンズ**」です。順番に説明していきます。

「スッキリ」のレンズ

　今日1日の中で「スッキリ」したことがないか、探してみましょう。複雑で面倒な状態より、シンプルで単純な状態のほうが、見ていて気持ちがよくなるものです。

・机の上をきれいに片づけた
・たまっていた雑務を処理した
・顧客のクレームを解決した

　どれも「スッキリ」することですよね。

　このように、実際に行動する（片づける、雑務を処理する、解決する）ことで、自分の気持ちにまで働きかけているのですから、「スッキリ」効果はとても大きなもの。スッキリすれば、次の行動に踏み出すことができるので、「スッキリ」は、「次にいっていいよ」というゴーサインでもあるのです。

「先延ばしにしていたことを終わらせた」「面倒なことがなくなった」。このような、1 日の中にある「スッキリ」を探してみましょう。

［できたこと探し 1］
「Happy のめがね・スッキリのレンズ」をかけて 1 日を見てみましょう。今日 1 日の中で、「スッキリ」した気分になったことを思い出して、書いてみてください。

- _____
- _____
- _____

　何か浮かびましたか？　たとえば、次のようなことが見つかるかもしれません。

・パソコンの中のフォルダを整理した
・英単語ドリルを 1 冊終えた
・プログラムのバグをなくすことができた

　キレイにしたり、何かを終えたり、面倒なことがなくなったり。そんな「スッキリ」が 1 日の中にあれば、「できたこと」として着目します。人によっては「ほっとした」という気持ちが合うかもしれません。もちろんそれも「スッキリ」のレンズの 1 つとなります。

👓「ワクワク」のレンズ

「Happy のめがね」に入れる次のレンズは、「ワクワクのレンズ」です。1 日の中で、楽しかったこと、気持ちが上がったことを探します。

　小さなことでもかまいません。「やった！」と思えたことはなかったでしょうか。

・電話の応対が上手にできた
・会いたいと思っていた人に会えた
・レポートがうまく書けた

　周りから賞賛されるすごいことである必要はありません。「いつもより上手にできた！」「ラッキーだった！」「がんばった！」と自分が思えることがあれば、それでいいのです。

　また、「納得できる見積もりがやっとつくれた！」「得意でなかったプレゼンがうまくいった！」など、いままでがんばってもできなかったことができるようになった場合の「ワクワク」感はとても大きいはず。苦手なことを克服したのですから「できたこと」になりますね。
　1日の中にある、ちょっとでも気持ちが上がったことを探すのが、「ワクワク」のレンズなのです。

[できたこと探し 2]
「Happyのめがね・ワクワクのレンズ」をかけて1日を見て

みましょう。今日1日の中で、「ワクワク」した気分になった
ことを思い出してください。

- _____
- _____
- _____

　今日のワクワクには、どんなことがありましたか。たとえば
次のようなことが挙げられるかもしれません。

・家計簿の計算が一発でぴったり合った
・英会話で、いつもよりちょっと話せた
・新しいプロジェクトをスムーズにスタートできた

　1日の中で「やった！」と思えたことの中には、エネルギー
があります。「ワクワク」のレンズを通して1日を見てみると、
自分が持っているそのエネルギーに気づくことができます。小
さなエネルギーの変化を大切にしていきましょう。
　中には「あの人と話したときに、ワクワクしてたかもしれな
い……！」と自分の意外な面に気づく方もいます。このように
小さなワクワクに気づくことでも、自分を見つめる目線がどん
どん肯定的になっていきます。

◯◯◯ 「ハツラツ」のレンズ

　人間は、健康な生活をしていると気分がよくなり、前向きになれるものです。女性の 8 割が「朝、肌の調子がよければその日は幸せに過ごせる」と答えたという調査結果もあります。ここでいう「健康」は、身体だけでなく、もちろんメンタルも含みます。

「健康的なことをしている」という意識自体が、その人を前向きにさせるもの。「元気でハツラツ！」という視点で 1 日を振り返ると、また違った「できたこと」を見つけることができます。たとえば、

・駅でエスカレーターではなく階段を使った
・朝に 3 キロ走った

という運動系のことでもいいですし、

・ヘルシーなお弁当をつくった
・いつもより野菜を多く食べた

という食事系のことでもいいですね。また、

・先輩に悩みを相談し、本音を話せた
・有給休暇を取ってゆっくりできた

というメンタルヘルスに関わることでもいいでしょう。

[できたこと探し 3]

「Happy のめがね・ハツラツのレンズ」をかけて 1 日を見て
みましょう。今日 1 日の中で、「健康的なことをした」と思え
たことは何ですか？　書き出してみましょう。

-
-
-

　どうでしょうか。今日、「ハツラツ」としたことはありまし
たか。

　たとえばこういったことを書く人もいるでしょう。

・早起きをして満員電車を避け、ひと駅歩いた
・いつもは食べない朝食をしっかり食べて出かけた
・丸 1 日、子どもと公園で遊んだ

こうした健康的なことを実践した場合は、十分「できたこと」になります。

なかなか見つからない方は、「明日から健康的なことをしてみる」というのも一つの方法です。「明日はエレベーターではなく、階段を使ってみよう」。そんな小さな工夫で、「できたこと」はどんどん増えていくのです。

以上が「Happyのめがね」と３つのレンズでした。「できたこと」は見つかったでしょうか。忙しい毎日の中で、自分の感情、とくに小さな感情の変化に目を向ける余裕がない方も多いでしょう。でも、そこは一歩足を止めて、自分をいたわるような気持ちで、１日がんばってきた自分の感情の変化を見つめてあげられるといいですね。

日常の中の「数」に注目する Number のめがね

　感情に目を向けるのが難しいという方も中にはいます。そのような場合は、「数」に着目すると、比較的スムーズに「できたこと」を探すことができます。これが「Number のめがね」です。

「Number のめがね」にも３つのレンズが用意されています。それは、**「時間のレンズ」「数値のレンズ」「習慣化のレンズ」**です。

　では、順番に説明していきます。

「時間」のレンズ

　今日、いつもより「早くできたこと」はありませんか？　時間を繰り上げて何かを終えることができたなら、それは「できたこと」の証拠です。

　また「ぴったりのタイミングでできた」ということもいいですね。たとえば電車のダイヤの管理などは「ぴったり」が何より大切。遅くても早くても困ります。司会進行なども同じです。

何かの納期に関しても、計画通りぴったりにいった場合、できたことにカウントしましょう。

　次に注目したいのは「初体験」。どんな体験でも、初めてというのはドキドキするものです。今日「初めてしたこと」がなかったかどうか、1 日を振り返ってみましょう。

　初めてチャレンジしたこと、初めて経験したこと、初めて行動したこと。そんなことがあれば、「できたことメモ」に記入していきます。

　また、「久しぶりに○○した」ということでも OK です。「久しぶり」というのは、ある一定期間の中の「初めて」と捉えることができるからです。

「時間のレンズ」をかけると、次のようなことが見つかります。

・旅行の 1 週間前に準備が終わった
・納期どおり商品を出荷した
・初めてアポイントメントが取れた

　このように、「より早く」「ぴったり」「初めて（久しぶり）」の視点で見ると、1 日の中に「できたこと」がきっと見つかる

はずです。それが「時間のレンズ」です。

[できたこと探し 4]

「Number のめがね・時間のレンズ」をかけて 1 日を見てみましょう。今日 1 日の中で、時間に関わることで、よくできたことを思い出してください。

- _____
- _____
- _____

何か見つかりましたか？

・いつもより 30 分早く会社に行った
・3 分ぴったりでスピーチできた
・5 年ぶりに同窓会に参加した

このように時間の視点で自分の「できたこと」に着目すると、多くのポイントに気づくことができます。意外な「できたこと」を発見できたりして、「できたこと探し」が楽しく感じられるはずです。

それは、いままでの自分から少しずつ前進できていることが

「時間のレンズ」を通して見つかっていくからです。

◯▭◯ 「数値」のレンズ

「数値の向上」に注目するのもいいでしょう。「テストの点数が上がった」「営業成績が上がった」など、成果の数値がよくなったことはもちろんのこと、回数がアップしたことなども数値の変化となります。

　また、結果の数値が悪かった場合でも、それまでのプロセスに注目すると、できたことが見つかることがあります。たとえば「順位は下がったけど、苦手だった問題は解けた」というように、見えていなかったものが見つかるときもあります。

　数値のレンズを使うと、次のようなことが見えてきます。

・リスニングの点数が10％アップした
・商談をいつもより３件多くこなした

　数値を見るときも、大きな変化である必要はありません。むしろ、小さな変化に目を向けます。ほかの人は気がつかないような小さな変化です。
　また、ある数値は上がったものの、ある数値が下がったとい

うようなこともあるでしょう。たとえば英語の勉強で、リスニングの練習に集中していたために、リスニングの点数は上がったものの、一時的にリーディングの点数が下がってしまったという場合です。この場合も「数値がアップしたほう」に着目すればよいのです。

［できたこと探し5］
「Numberのめがね・数値のレンズ」をかけて1日を見てみてください。1日の中の「数値」に着目して書いてみましょう。

- _____
- _____
- _____

　いかがですか？　うまく見つけられましたか？

・アポイントメントを10件多く取った
・いつもより10ページ多く勉強した

　大きな数字の変化の前には、小さな数字の変化が見られることがあります。たとえば、資格試験の点数がアップする前の「できたことメモ」を見返してみると、その資格に関する本を

いつもより多く読んでいたり、学習用の動画をいつもより多く見ていたり、ということがあるのです。小さな数字の変化を捉えていくと、自分の成長を客観的に見つめることができるようになります。

　小さな変化こそ「できたこと」です。自分の小さな成果もどんどんプラスの評価をして「できたこと」に入れていきましょう。それくらいで私たちにはちょうどいいはずです。

「習慣化」のレンズ

「連続〇回、同じことができた」という、いわゆる「習慣」に着目します。

「毎朝のランニングが1カ月続いた」「『すべての食事は腹八分目まで』を3週間続けた」といったように、単にしたことであっても、何日も連続で実践していることは「できたこと」として認定してもよいでしょう。

「当たり前の行動」であったとしても、何日も何週間も何カ月も続けてできているということは、とてもすごいことなのです。

・通勤時に英語のリスニング教材を1カ月間聴き続けた
・毎朝ランニングを3週間続けた
・新聞を2カ月間、毎朝欠かさずに読んだ

どのくらい続けることができたら「できたこと」とするのか
が問題ですが、自分で意識しなくても自然に「続けられている
な」と感じることでしたら、習慣化している証拠ですので、
「できたこと」に認定してください。

［できたこと探し6］
「Numberめがね・習慣化のレンズ」をかけて1日を見てみま
しょう。すでに「習慣」になっていることがないか、探してみ
てください。

- _____
- _____
- _____

　すでに当たり前の習慣になっていることは、ありましたか?

・毎食後の歯磨きを1カ月間続けた
・1日20分のウオーキングを3週間続けた
・寝る前の筋トレを5日間続けた

　こうした習慣の中に、あなたが大切にしていることが隠され
ています。健康のような身近なこともあるでしょうし、自分の

仕事に関わることもあるでしょう。あなたが日々、積み重ねていることは、あなた自身の「ありたい姿」に関係しています。

ある習慣を持っている人というのは、内面に何か大きなエネルギーを持っている人です。「これから大きく変化する芽を抱えている」ということにほかなりません。

以上が「Numberめがね」でした。「できたこと」は見つかったでしょうか。

数というのは主観的な感情とは違って「客観的な指標」です。そのため、誰が見ても同じ基準で見られるところがいい面だといえます。

「数」といわれると、キツい目標などとつながって、プレッシャーを感じる人もいるかもしれません。でも、ここで言いたいことは、「小さな数も見逃さないでほしい」ということです。

そのためには、周りからの評価は気にしないことが大切です。

周りからの評価というのは、結果の数値だけを見て判断されがち。会社での成果や学校のテスト結果など、上司や親は結果の数値だけを見て、ほめたり非難したりする傾向があるものです。周りの人には結果以外のものは見えていないので、これには致し方ない面もあります。

でも、周りがほめてくれなくても、自分にとっては「花マル」なことは多くあります。たとえば営業目標は達成できていなくても、実は商談の数は増えているとか、中間テストでの学年順位は下がってしまったけれど、がんばった漢字の書き取りは満点だったとか。

　日ごろから地道な努力をしている自分を知っているのは、やっぱり自分。誰も気づかない数の変化を捉えて、「できたこと」として自分を認めていくことが、大きな自信につながっていくのです。だからこそ、「部分点は自分であげる」と覚えてくださいね。

周りの人をよく観察する Person のめがね

「Person のめがね」は他人を観察するめがねです。自分に対する相手の反応の中に、「できたこと」を発見できることがあります。

1 日の中で、相手が喜んでくれたこと、笑ってくれたこと、感謝してくれたことは、ありませんか？ それを思い出してみましょう。あなたが何かしたことによって、相手がよい反応をしてくれたことはないでしょうか。「相手が実際にうれしい、というその気持ちを表した」ことを探すと見つけやすくなります。

そのために、「Person のめがね」には**「感謝のレンズ」「表情のレンズ」「行動のレンズ」**があります。

「感謝」のレンズ

「ありがとう」と言われたことがあれば、それはあなたが相手にとって価値あることをした証拠。だから相手を喜ばせること

が「できている」と捉えます。何に対して「ありがとう」を言われたか、思い出してみましょう。

「あ、こんなことも喜ばれるんだ」という新たな発見があるかもしれません。それは、あなたが気づいていない自分の魅力や強みである可能性が高いのです。それをしっかり「できたこと」として認めることは、とても大切。なぜなら、「私ってこうなんだ」と自分の新たなよさの発見に通じるからです。

・読んで面白かった本の話をしたら、お礼を言われた
・共有の場所をさっと片づけておいたら、感謝された
・進行中のプロジェクトの備忘録をつくって先輩に共有したら、「ありがとう」と言ってもらえた

このように「ありがとう」と感謝されたことを探します。

この「備忘録をつくる」というのは、自分が仕事の抜けをなくすために行っていることかもしれません。でも、先輩は備忘録もつくれないほど忙しいかもしれませんし、自分の備忘録と突き合わせることで、プロジェクトの進捗をダブルチェックできた可能性もあります。先輩はとても助かったのでしょう。

このように、とくに感謝されると思ってしたことではなくて

も、相手にとってとても役に立つということはあるものです。よって**「誰かのためにしたことは、すべてできたこと」**としてよいのです。

[できたこと探し7]
「Person めがね・感謝のレンズ」をかけて1日を見てみてください。今日1日の中で、「ありがとう」と言われたことを見つけましょう。

- _____
- _____
- _____

　感謝されたこと、いくつか見つかりましたか?

・宴会の幹事を引き受けたことに感謝された
・知り合いを紹介したら、お礼を言われた
・感謝の気持ちを伝えたら、逆にもっと感謝された

　人には得意・不得意がありますから、あなたにとってはどうってことのない宴会の幹事も、ある人にとってはものすごく大変なことがあります。そういった、自分がさっとできる役割を

進んで引き受けるということは、実は気づかずに「できている」場合が多いようです。そのことも、この「感謝」のレンズは教えてくれます。

　また、こちらが感謝したのに、逆に感謝されるということもあります。とくに「縁の下の力持ち」の仕事をしている方というのは、その働きに気づいたりしてもらえないことが多いもの。そのような、自分でさえ気がついていない仕事ぶりや心配りを、しっかり見てくれて、感謝してもらえることは、とてもうれしいことなのです。そんな気遣いができること自体、あなたがすでに「できている」ことなのです。

👓「表情」のレンズ

　相手の表情の中にも、あなたの「できたこと」を読み取ることができます。何かをして、相手がニッコリとしてくれたら、それは「できたこと」のサインです。

・他愛もない話で、相手が笑ってくれた
・プレゼンの冒頭にギャグを入れたら、ウケた
・チャックが開いているのをそっと教えてあげたら、ニッコリ頭を下げられた

　人を笑顔にできるというのは、一つの才能です。あなたといることで、相手を楽しい気持ちに「できている」なら、それはできたことメモに記入すべきことです。また、「チャックが開いている」という言いにくいことを、そっと言ってあげられたのは、「大人の思いやり」をあなたが持っているから。相手のはにかみながらのニッコリから、そんなことがわかってきます。

［できたこと探し8］
「Person めがね・表情のレンズ」をかけて1日を見てみてください。今日1日の中で、ニッコリしてもらえたことを探してみましょう。

- _____
- _____
- _____

　いかがでしょうか。誰かの笑顔が頭に浮かびましたか？

・書類を渡した相手が、ニッコリと受け取ってくれた
・仏頂面の先輩に冗談が通じて、笑ってくれた
・後輩のファッションをほめたら、笑顔になった

私の知り合いで接客の仕事に就いている方は、いつも笑顔になるために、毎朝、身だしなみを整えるときに「ウイスキー体操」を10回するといいます。ウイ・ス・キーとゆっくり言うことで表情筋をほぐし、最後の「キー」部分で口角をぐっと上げることで自然な笑顔をつくっているそうです。

　相手がニッコリしてくれるということは、実はあなたがすでに「ニッコリしている」ということにほかなりません。自分がいつでもニッコリしていること。それはそれで十分「できたこと」なのです。そんなことにも気づかせてくれるのが、このレンズです。

👓 「行動」のレンズ

　人の行動からあなたの「できたこと」がわかる場合がありますので、見ていきましょう。

　たとえば握手。普段、握手をする習慣がない人もいます。だからこそ、相手が握手を求めてきたときは、あなたが相手にそれだけのことをした、というサインになるのです。そのほかにも、相手が何か行動をしてくれたことは「できたこと」となります。

- 商談の終わりに、相手に握手を求められた
- スピーチのあと、たくさんの拍手をもらった
- 真剣に悩みを聞いてあげたら、相手がランチをおごってくれた

　どの行動においても、相手は、あなたにポジティブな感情を伝えようとしていることがわかると思います。あなたが相手にしてあげたことが、どのような行動として返ってきたのか、注意深く観察しましょう。

　私も先日、商談が終わったあとに相手から「一緒にやりましょう」と手を差し伸べられました。相手の「契約が成立してうれしい」という気持ちが、握手という形になったのです。

［できたこと探し 9］

「Person めがね・行動のレンズ」をかけて 1 日を見てみましょう。今日 1 日の中で、相手があなたに対して起こしたアクションは何かありましたか？

- _____
- _____
- _____

どんなことをしたら、相手がポジティブな感情をともなった行動をしてくれたのでしょうか？

・誕生会でピアノを弾いたら、大きな拍手をもらった
・仕事の相談に乗ってあげたら、お礼にとお菓子をもらった
・相手の要望に寄り添った提案をしたら、会社の玄関まで見送ってくれた

　このように、相手の行動を通じて、自分ができたことを確認するのです。周りの人の反応の中に、自分の長所を見つけることができるようになってきたら、それは自分自身をより客観的に観察することが「できている」ということになります。

　以上が「Person めがね」でした。「できたこと」は見つかったでしょうか。
　自分のことはなかなか自分でわからないのが人間。周りの反応を見て、自分のよさに気づくということも大切です。

　私たちはときに「自分にはどんな価値があるのか」と考えますが、それがわからずに不安になることもあります。また、先

が見えないので将来を恐れることもあるでしょう。

　そんなときの羅針盤となってくれるのが「周りの人の反応」です。それはたとえば「自分にどんな声をかけてくれるのか」「どんな表情で接してくれるのか」「どんなことをしてくれるのか」といったこと。自分の「できたこと」を知るために、周りの人の反応を鏡とすることは、「できたこと」の発見だけでなく、自分のよさを見つけて磨いていくことにもつながるのです。

あえて見つめる必要は あるの？ あります！

　いかがでしたか？　3つのめがねと、それぞれの3つのレンズ。「できたこと」がより見つけやすくなる道具として使っていただけるのではないでしょうか。

　106〜107ページには、ここまで紹介した「できたこと」の例を、一覧で載せておきます。みなさんにも当てはまるところがあるのではないでしょうか。

　中には、仕事や勉強・家事・育児などは「がんばるのが当たり前。そこをあえて見つめる必要があるの？」と考える方もいます。また「こんな小さなことをメモしても仕方ない」と思う方もいるでしょう。

　しかし、そうした考え方を続けていると、人はなかなか変わることはできません。なぜなら、日々の「できたこと」を見つけていくことは、自分を「思い込み」から解き放つために必要だから。**自分をイキイキさせるのも自分を停滞させるのも、ど**

ちらも自分を見ている「**自分自身の目**」**次第**なのです。毎日できたことをコツコツとメモしていくことで、自分を肯定的に見る目を自然と養っていけます。

　このように、「自分を肯定的に見ること」は、自分を心の底から認めることにつながり、自己肯定感を大きく上げることになります。それが揺るぎのない自信となり、前に進む力となるのです。

「自分もなかなかやってるな」
「私って、けっこうがんばってる」

　毎日そう言えることが、「自分の殻」をまず破り、自分を変化させるためには大切。それが、ひいては自分の可能性を手繰り寄せることになるのです。

「できたこと」の例

Happy	スッキリ	机の上をきれいに片づけた
		たまっていた雑務を処理した
		顧客のクレームを解決した
		パソコンの中のフォルダを整理した
		英単語ドリルを1冊終えた
		プログラムのバグをなくすことができた
	ワクワク	電話の応対が上手にできた
		会いたいと思っていた人に会えた
		レポートがうまく書けた
		家計簿の計算が一発でぴったり合った
		英会話で、いつもよりちょっと話せた
		新しいプロジェクトをスムーズにスタートできた
	ハツラツ	駅でエスカレーターではなく階段を使った
		朝に3キロ走った
		ヘルシーなお弁当をつくった
		いつもより野菜を多く食べた
		先輩に悩みを相談し、本音を話せた
		有給休暇を取ってゆっくりできた
		早起きをして満員電車を避け、一駅歩いた
		いつもは食べない朝食をしっかり食べて出かけた
		丸1日、子どもと公園で遊んだ
Number	時間	旅行の1週間前に準備が終わった
		納期どおり商品を出荷した
		初めてアポイントメントが取れた
		いつもより30分早く会社に行った
		3分ぴったりでスピーチできた
		5年ぶりに同窓会に参加した

Person		
	数値	リスニングの点数が 10％アップした
		商談をいつもより 3 件多くこなした
		アポイントメントを 10 件多く取った
		いつもより 10 ページ多く勉強した
	習慣化	通勤時に英語のリスニング教材を 1 カ月間聴き続けた
		毎朝ランニングを 3 週間続けた
		新聞を 2 カ月間、毎朝欠かさずに読んだ
		毎食後の歯磨きを 1 カ月間続けた
		1 日 20 分のウオーキングを 3 週間続けた
		寝る前の筋トレを 5 日間続けた
	感謝	読んで面白かった本の話をしたら、お礼を言われた
		共有の場所をさっと片づけておいたら、感謝された
		進行中のプロジェクトの備忘録をつくって先輩に共有したら、「ありがとう」と言ってもらえた
		宴会の幹事を引き受けたことに感謝された
		知り合いを紹介したら、お礼を言われた
		感謝の気持ちを伝えたら、逆にもっと感謝された
	表情	他愛もない話で、相手が笑ってくれた
		プレゼンの冒頭にギャグを入れたら、ウケた
		チャックが開いているのをそっと教えてあげたら、ニッコリ頭を下げられた
		書類を渡した相手が、ニッコリと受け取ってくれた
		仏頂面の先輩に冗談が通じて、笑ってくれた
		後輩のファッションをほめたら、笑顔になった
	行動	商談の終わりに、相手に握手を求められた
		スピーチのあと、たくさんの拍手をもらった
		真剣に悩みを聞いてあげたら、相手がランチをおごってくれた
		誕生会でピアノを弾いたら、大きな拍手をもらった
		仕事の相談に乗ってあげたら、お礼にとお菓子をもらった
		相手の要望に寄り添った提案をしたら、会社の玄関まで見送ってくれた

「幽体離脱」のように事実と感情を分ける

　できたことの「めがね」で見るのは「事実」です。ただ、マイナスの感情が事実を見ることを阻む場合があります。そうならないために、自分がまるで「幽体離脱」をしているような感覚を持つといいと思います。上空から自分の行動を眺めるイメージです。たとえば社内での会議。あなたの「広告費を増やすべきだ」という提案に、営業の山田さんが反対意見を出しました。そんなとき、こんなふうに思うかもしれません。

「また山田さんだよ。いつも否定的なことを言って、意見を潰すんだからな……。本当に頭にくるよな」

　こうなると、山田さんへのマイナス感情が先にきて、事実を冷静に見ることができません。でも、落ち着いて事実に目を向けると、違った面が見えてきます。

「山田さんは『広告なんてもったいない。営業がもっと足を運ぶべきだ』と言っている。足で売ってきた営業20年のベテランとしての意見だろう。広告費をどうすべきか、もう一度、検討してみよう」

　このように、「事実を見つめること」から思考が広がれば、しめたものです。

　感情にとらわれることで、私たちは実は多くの「考える機会」を失ってしまいます。このあと第 3 章でも詳しくお話ししますが、感情が先に立つと、深い思考は停止してしまうのです。「幽体離脱」をした感覚で行動を見るようにすると、感情にとらわれない、よい訓練となります。

　なぜ「幽体離脱」なのかというと、この考え方を持っていると、「事実」と「感情」を分けやすくなるからです。自分を外から見つめるので、

「仕事がうまくいかない」→「悔しがっている」、私。
「提案が通って」→「喜んでいる」、私。

のように、「行動」→「感情」の流れを見つめることができるようになります。これが非常に重要です。私たちはいつも、事実と感情を一緒にして扱いがちですが、これを切り分けるクセをつけることで、「行動」の中から「できたこと」を抽出しやすくなるのです。

第 3 章

できたことノートを
書く前に

できたことを深く考える 「内省」

　毎日の中で、「できたこと」がたくさんあることは、おわかりいただけたと思います。あなたも「すでにできていること」が思った以上にあることに気づいたでしょう。いままではそれが見えなかっただけなのです。

　日々の生活の中にある自分の「できたこと」を見つけることで自己肯定感が上がると、自然に心のフタが開き、「本当の自分の気持ち」にアクセスできる準備が整っていきます。

　ここまできたら、次にやることは「内省」。すなわち「できたこと」について深く考えることです。

　しかし、ただやみくもに頭で考えるだけでは足りません。自分に変化をもたらす気づきにつなげるためには、「なぜうまくできたんだろう」「もっと別の方法がなかったかな」と、"で**きた**"という経験を自己分析し、それをまとめた内省文を書く**ことが最も効果的**です。そしてこの内省文は、他人に対してではなく「自分に向かった言葉」で書きます。

　具体的には週に 1 回（たとえば日曜日の夜）、その週の「できたこと」の中からベストを 1 つ選んで、それについて内省します。内省文の詳しい書き方は第 4 章で説明しますが、何回か書いてみると慣れてきます。誰でも 10 分程度で書けるようになりますから安心してください。

 ## 自分を磨く 3 つの習慣

「できたことノート」を活用して自分を磨いていくメソッドは、次の 3 つの習慣でできています。

習慣 1：毎日、感情マークを書いたあと、「できたこと」を 1
　　　　～ 3 つメモしていく（毎日、寝る前 3 ～ 5 分）
　　　　　　　↓
習慣 2：週 1 回、ベストできたことを 1 つ選び、4 つのステップで「内省文」を書く（週 1 回、10 ～ 15 分）
　　　　　　　↓
習慣 3：気づいた工夫点を実践してみる（以降、繰り返す）

　この習慣を助ける道具が「できたことノート」です。「ノート」と呼んではいますが、いつも使っている手帳やメモ帳でもかまいませんし、第 1 章でもお伝えしたように、スマホのメモ

機能を使ってもいいでしょう。

「書くなんて面倒くさい」「なんで書く必要があるの？」という疑問を持つ方もいるでしょう。実は「書く」という行為自体に大きな意味があるのです。

　なぜなら、**書くことで、自分を客観的に見つめる**ことが**できるようになる**からです。つまり、「思い込んでいる自分」「とらわれている自分」「決めつけている自分」から解放されるということです。

　これは第2章のコラムにも書いた、「自分を何メートルか上空から見下ろす」ようなイメージ。それをかなえてくれるのが、「できたことノート」です。自分の頭の中で考えていることや心の中のことを、書くことによって「外に出す」ことができれば、それを自分の目で読むことができます。それはつまり、「外から冷静に自分を見つめることができるようになる」ということ。自分を観察するということですね。

　人間ですから、モヤモヤして不安に思うこともあるでしょう。そんなとき、「いま、不安を感じている自分」と言葉を通じて向き合うことで心は落ち着いてきます。専門的には「ジャーナ

リング」と呼ばれる効果です。ジャーナリングは「書く瞑想」とも言われる、心と身体を整える手法。マインドフルネスのプログラムにも取り入れられています。

　自分の行動や感情を言語化することで、ちょうどおでこのあたりにある脳の「前頭前野」と呼ばれる部分が働き、怒りや不安や恐怖心をつかさどる「扁桃体」という器官の興奮が収まります。これは実際にメンタルトレーニングでも活用されている手法です。

　また、書いておかなければ忘れてしまうような、小さな「できたこと」から、新たな自分の夢や目指すべき方向が見えてくるものですし、書きためた「できたことノート」は、自分の成長の軌跡でもあるのです。振り返って見てみると、書いたときには気づかなかった新たな発見が必ずあります。

 できたことノートを書くと、こんないいことが！

　できたことノートを書くことで得られるメリットは、次の3つです。

①できたことが見つかり自信が出てくる（自己肯定感 ⤴）
②不安も受け止められ、前向きになれる（やる気 ⤴）

③次にやることが見つかり行動的になる（行動力 ↗）

　わかりやすく説明するために、実際にノートを書いた30代の女性・Ｓさんの例を挙げましょう。

　ノートをつけ始めたＳさんは、当初「毎日、同じことの繰り返しだし、あまり『できたこと』なんてないな……」と考えていました。しかし、日々の生活の中で小さな「できたこと」を見つけて、内省を続ける中で、あることに気がついたといいます。自分が書いていることが、「片づけ」に関することばかりだったというのです。

「キッチンの引き出しを片づけて、スッキリした」
「クローゼットにポールを自分で取りつけた」
「久しぶりに実家の押し入れを整理した」

　こうした「できたこと」に対して、「なぜできたんだろう」「別の方法はないかな」と内省するうちに、「自分は片づけが好きで、得意かもしれない」と考えるようになっていきました。なんといまは「整理収納アドバイザー」の資格試験に向けて勉強をしているとのことです。

　「キッチンの片づけ」などは、小さなできたことの一つにすぎ

ないかもしれません。しかし、できたことを記録し、それについて考えることで、自分の強みや新たな目標まで見つけることができたのです。

　このように、ノートを書いて自分を見つめられるようになると、思い込みから解放されて、どんどん自分が磨かれていきます。それは、いまの自分から「脱皮」できるということ。
　ちょっとした習慣が変わっていくことで、劇的に変わっていく自分の姿を発見することができるでしょう。そしてその変化を見つけていく過程も楽しいものです。
「できたことノート」は、自分の変化を楽しめるノートでもあるのです。

　どうですか、読者のみなさんの中には、早く書きたくなってきた人もいるのではないでしょうか？
　でも、ちょっとだけ待ってください。できたことノートの具体的な書き方に入る前に、「内省」について、もう少しだけお話ししておきたいのです。ちょっとカタめの話になるかもしれませんが、焦らずに読み進めていただければと思います。

能天気な人と楽観的な人は
どこが違うのか

「できたことノート」は、失敗したことやダメだったことばかりに目がいってしまうものの見方を変えて、あえて「できたこと」に着目していく手法。「できたこと」を見つけることで自己肯定感が上がり、自分と向き合う準備が整うというのは、お話ししてきた通りです。

　自己肯定感が上がって自分を認めている状態なので、**心の奥の本当の気持ちにも素直に向き合うことができる**というわけです。その状態で内省すると、未来に困難が待ち受けていると予想されるときであっても「自分なら大丈夫、乗り越えられる」と考えられるようになります。

　では、いったいなぜ、そのように前向きに考えられるようになるのでしょうか?

 「根拠のない自信」を持つ人ほどうまくいく理由

　実際に、うまくいっている人は自己肯定感が高く、「根拠のない自信」を持っているものです。このような人は、挑戦した

118

経験が多いぶん、他人よりたくさん失敗しているはずです。しかし、失敗をしていても「この失敗は乗り越えられる」と楽観的に考えている。ここが大きな違いなのです。

　みなさんは、能天気な人と楽観的な人の違いがわかりますか？　能天気な人は深く考えていない「天然」な人ですが、楽観的な人はそうではありません。「より深く考えている」人なのです。

　そして、楽観的の反対に、悲観的という言葉があります。この違いもわかりますか？

　何かことにあたるとき、実は、楽観的な人も悲観的な人も、同じように「何かまずいことが起こるかもしれない」と考えています。違いは、楽観的な人は「でも、それを乗り越えられるはずだ」と考えていることです。

　たとえば、岩場の下にいるザリガニを捕まえようとしている場面を想像してください。能天気な人は、何も考えずにとりあえず手を入れて、挟まれて痛い思いをしてしまいます。

　楽観的な人というのは「手を入れたら挟まれて痛い思いをするかもしれない。挟まれないように気をつけて、そっと手を入れよう。ただ、万が一、挟まれたとしても、たいした怪我じゃ

ないからチャレンジしてみよう」というように考えます。

　一方、悲観的な人はどうかというと、「大きなザリガニがいて、挟まれた途端に指が切れて血がドバーッと出て大怪我をしたらどうしよう……」。そんな思考にはまっていきます。

　これはさすがに極端な例ですが、私が言いたいのは、楽観的な人も悲観的な人も、双方ともリスクをしっかり考えているということ。ただ、**悲観的な人が過剰に警戒をしてしまう一方で、適度にリスクを考えられるのが楽観主義者**なのです。そういう意味では、楽観的な人にも悲観的な部分があるといえます。単なる能天気とは違うのです。

　このように、「行動したい（ザリガニを捕りたい）」と「リスクを考える（手を挟まれるかもしれない）」という意味においては、楽観主義者も悲観主義者も同じなのに、そのあとに天と地ほどの差が出てきてしまいます。楽観主義者は行動しますが、悲観主義者は殻にこもって行動できなくなってしまうのです。

　では、リスクを考えながらも行動に移せる楽観主義者になるためには、どうしたらいいのでしょう？　そうなるためにどうすべきか、よく考えるのはもちろんですが、その中で大事なことは、**「本音の感情」を書く**こと。これが前向きになれる秘訣（ひけつ）

なのです。

　なぜなら、感情にまっすぐに触れることは、不安を取り除くことにつながるから。先ほどお話しした、「ジャーナリング」の効果ですね。自分の行動や感情を言語化することで、過度な悲観主義に陥らず、楽観主義になることができるのです。

　内省、すなわち過去の経験や体験を振り返ることによって学び取る方法は、専門的には「経験学習」と呼ばれます。これは簡単に言えば「経験から学び取り、よりよい未来に自分を持っていく」ということ。前向きな気持ちと向き合うことはもちろん、不安な気持ちでさえ味方にできる思考法なのです。

思考停止に陥る3つの罠

　内省とは単なる日記ではなく、自分を深く観察すること。すなわちよく考えて自己分析する行為です。ところが考えるといっても、そんなにうまくいかないのが現実。深く考えようとしても、なぜか思考停止してしまいます。内省というものは、「やろう」と思ってできるほど、単純なことではないのです。

　思考が停止してしまう原因には、次の3つがあります。

①感情が先に立つ

　人間ですから感情があります。でも、「うれしい」「楽しい」「悲しい」「不安だ」といった感情が先に立つと、事実を冷静に見つめることができなくなります。文字通り感情的になってしまい、思考が停止してしまいます。

　感情に触れることは、行動につながる大切な要素ですが、感情が先にくると、深い思考の妨げになってしまいます。**あくまで事実を冷静に見つめたあとに感情に触れるとよい**のです。

②程度があいまい

　程度を表す言葉をいい加減に使ってしまうときは、思考が停止している証拠です。

「徹底的に」「積極的に」「主体的に」といった「○○的に」という言葉や、「しっかり」「もっと」「はっきりと」などの副詞を使った言葉は、威勢はいいのですが、どの程度のことを表しているのかは非常にあいまい。「積極的にコミュニケーションする」と言っても実際どれくらい何をするのでしょうか。そこがよくわからないままです。

③報告文になってしまう

　他人に向かって報告するような言葉で書いてしまう人もいます。内省は自分自身の心との会話なのに、まるで上司に報告するかのような文章を書いてしまうのです。

「今週はできませんでした。すみません。来週がんばります」といった文章は他人に向かった反省文です。自分の心との本音の会話ではないので、やる気に影響を及ぼすことはなく、前向きな行動につながることはありません。

　こうした「3つの罠」によって、人は深く考えることをしなくなってしまいます。

問題なのは「自分では深く考えているような錯覚に陥ってしまう」こと。実際はよく考えているとはいえないのに、そのつもりになってしまうのです。

　こうした思考停止を避けて、内省を誰でも簡単にできるようにする技術があります。何かわかりますか？
　それは、「質問」です。質問をきっかけにして、私たちの「深い思考」はスタートするのです。

　深い思考といっても、難しく考える必要はありません。「できたことノート」には、深く考えることを助ける質問が複数用意されています。それに答える形で、誰でも内省ができるように設計されているので、安心して書き進めてください。

人は「問われる」から考える

　ある夫婦の、夕食のときの会話を見てみましょう。

妻「今日のごはん、どう？」

夫「あっ、おいしいね」

妻「どこが？」

夫「……えーっと、んーっと。……うん。ダシが効いていて、
　　よく味が染みているよ！」

　夫は「おいしい」と感じた時点では、明らかに何も考えてい
ません。人間は普段「感じる」と同時に考えているように見え
て、実際にはあまり考えてはいないのです。「おいしい」とは
感じていても、「何がどうおいしいのか」は考えていない。お
ぼろげながら考えていたとしても、それは頭の中で言葉にはな
っていません。

　これはつまり、「どこが？」と聞かれて初めて考え始めると
いうこと。これが「質問」の力です。

人間は「問われる」から「考える」のです。

　内省には、他人からの質問ではなく、自分自身への質問、すなわち「自問」が有効です。自分の中に「自問する言葉」を持っていると、自分がした経験や体験について深く考えることができるため、そこから新しい発見や工夫が生まれるのです。

　いままではスルーしていた「できたこと」に対して自分自身に質問を投げかけること。それこそが「内省」の極意です。

 「できたこと」に対して内省する

「できたこと」に対して内省する、とはどういうことだと思いますか？　それは、「できたこと」に対して、

「なぜ、うまくいったんだろう？」

と考えることです。

　私たちは、「できなかったこと」をどうやったら「できるようになるか」と考えることはよくあります。ところが、「できたこと」に対してはあまり深く考えません。「できたこと」に満足して、そのことに疑問は持たずスルーして、すぐ他のことを考えてしまいがちです。

　だからこそ、いったん立ち止まり、「なぜ、うまくいったの
だろう？」と、自分に向かっての質問をすると、

「こんな原因があったから、こうなったんだな」

と考えが深まります。すると、「次はこんなやり方にしてみよ
うかな」と、工夫することや行動を改善することを思いつくの
です。

　ここで N さんの「できたことノート」を見てみましょう。N
さんは大手メーカーで働く 30 代の営業職の女性です。

できたこと：「いつもより商品の説明がうまくできた」
　　　　　（Happy のめがね・ワクワクのレンズ）

①具体的に何があったのか？
　4 月 12 日、会社で取引先の 30 代の男性と新商品に関する打
ち合わせを行った。いつもより商品の説明がうまくできた。

②なぜそれができたのか？
　場が和やかで明るかったので、説明がしやすかった。そうい

えば、買ったばかりの春物の青い服を着ていた。明るい色の服は、自分の気持ちも明るくしてくれる。それが相手にも伝わったのかもしれない。

③いま、素直にどう感じているか？

商談がうまくいってうれしい。それをもたらしたのが「洋服の色」だとしたら。いつもは黒や茶みたいな暗い色ばかり着ていた私は何だったのか。もっと早く気づけばよかったとちょっと後悔。

④明日からどんな工夫をしてみるか？

明日からも明るい色の服を着て行こう。服が足りないので、会社帰りに春物の服を買いに行こう。

できたことノートでの内省は、反省とは違います。「できなかったこと」を振り返って原因を追究するのは苦しい作業ですが、「できたこと」を振り返るのは、このようにむしろ楽しい作業なのです。そしてさらによくするための工夫や発見があれば、もっとうれしくなりますよね。考えついた工夫を実践したら、またさらに「できたこと」が増えていくのですから。

　これを繰り返すことによって、変化する自分を楽しむことができます。気がついたときには、劇的に自分が変わっていて、驚くこともあるでしょう。

　N さんも「洋服の色」で自分の印象がよくなる、ということに気がついたことで、営業成績だけでなく、プライベートでもよいことが起きたそうです。N さんはノートを使って自分を見つめ直すことで、「脱皮」に成功したのです。

　それでは、いよいよ次の章では、「できたことノート」の書き方を見ていきます。

Column ❸

「イラチャン！」
──イライラの中にチャンスがある

　みなさんは、どんな人が好きですか？　たとえば誠実な人とか、明るい人とか。

　逆にどんな人が嫌いですか？　たとえば不潔な人とか、時間を守らない人とか。

　社会では、好きな人とだけいるわけにはいかず、どうしても「合わない人」と仕事や近所づき合いをしなくてはいけない場合があります。ときにはイライラすることだってあるでしょう。人のストレスのほとんどは対人関係が原因だともいわれますから。

　そんな「人の捉え方」を大転換させるポイントをお話ししましょう。

　それは、好きな人・合う人は、「価値観・視点が同じ人」と捉え、嫌いな人・合わない人は、「価値観・視点が違う人」と捉えることです。

　あなたが仮に、「強引に主張するタイプの人」が嫌いだとします。たとえば、会社での会議中、自分の意見ばかり主張する人に、あなたは心の中で「ちぇっ。あの人、また勝手なことを

言い出したよ」とイライラしています。

　あなたが「この人、嫌だな」と思った瞬間から、相手の話はあなたの耳には入ってきません。無意識に、聞くことや理解することを拒否するからです。

　しかし、そうした人を、嫌いな人ではなく「価値観・視点が違う人」と捉えると、まったく変わります。
「またいつもの自己主張が始まったな。でも、何か理由があるのかな。まず何を言っているか聞いてみるか」と、冷静に聞く態度ができるのです。

　これは、「嫌いな人を好きになろう」とか「無理に話を合わせよう」という話とは違います。「自分と違う価値観を持った人」として「受け止める」ことが、結果的にあなたの考え方に幅をもたらすということです。

　よく考えてみると、自分と価値観が同じ人の話には、自分がすでに気づいていることが多いはず。一緒に話していると、共感や癒しにはなりますが、新しい発見の数はどうしても少なくなってしまいます。
　一方で、自分と価値観が違う人は、自分とはまったく違う発

想や視点を持っています。だから、「自分とはまったく意見が違うけど、こういう見方もあるんだな」と意見を「受け止める」だけで、対立が融合へ変わり、新しい気づきや発想が芽生えてくるのです。

　人が成長するということは、自分の視座が高まり、視野が広がるということ。すなわち、ものの見方、見ている範囲が広がることで自分の「伸びしろ」が増えます。

| 視野と視座 |

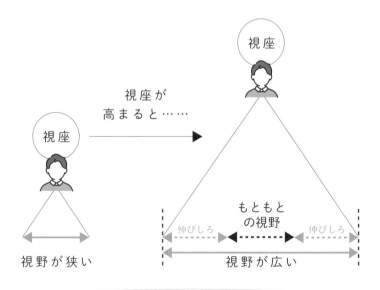

　つまり、自分をより成長させてくれる人は、「価値観・視点が違う人」なのです。

　もし、「イラッ」としたら、それは成長の「チャンス」。私はこれを略して「イラチャン」と呼んでいます。

　こういう場面に出合ったら、心の中で小さく「おっ、イラチャンだ！」とつぶやいて耳を傾けましょう。

　このように、自分の感情を客観的に観察できるようになると、ストレスが減り、成長に利用できるようになるのです。

第 4 章

実際に
書いてみよう！

できたことノートを書くための「4つの質問」

「できたことノート」の活用方法はとてもシンプルです。

　簡単に言うと、

「毎日の『できたことメモ』の中から、週1回、ベストを1つ選んで、内省文を書く」

ということです。

 「できたことノート」の使い方

　内省文を書く目的は行動を変えること。すなわち「行動変容」です。ベストできたことから新たな行動を見出すことによって、少しずつ自分の変化を楽しむ手法でもあります。

　自分の変化を止めているのは、自分自身の思い込み。凝り固まった考えから脱出し、この思い込みから抜け出すには、できたことを深く振り返る、内省が効果的なのです。

「できたことメモ」を、たとえば月曜から日曜まで、１日１〜３つつけていくと、少なくとも７つ以上の「できたこと」が並んでいます。これは自分で「できたことだな」と認めたもの。**よってこのメモには、あなたが何に価値を置いているかが表されている**のです。

　このメモの中から、ベストと思う「できたこと」を直感で１つ選びます。何を選んでもかまいません。なぜならこのメモは、あなたの価値観が凝縮されたものだからです。どれを取っても、その意味を深めることができます。

　選んだベストできたことについて、４つのステップで質問に回答する形で内省した文章を書いて、思考を深めていきます。
　そうやって「できたことノート」を書き続け行動を磨いていく中で、自分は何を大切にしていて、どうありたいと思っているかという「ありたい姿」がわかるようになっていくのです。

 内省文を書いてみよう

　内省は４つのステップで思考します。それぞれに深い思考を助ける質問文が用意されています。この質問文は自分への問いかけ文（自問）となります。

［4つのステップの質問文］

①詳しい事実：具体的に何があったのか？

②原因の分析：なぜそれができたのか？

③本音の感情：いま、素直にどう感じているか？

④次なる行動：明日からどんな工夫をしてみるか？

　この思考のステップで、次にやろうとする行動計画が生まれます。その計画を実際に実践することによって、行動が磨かれていきます。そしてまた翌週のできたことメモに加えていく。このサイクルが「経験から学ぶ習慣」となるのです。

　内省文を書くのは、最初はちょっと慣れないかもしれませんが、3、4回書いてみると「コツ」がつかめるようになります。書くための時間も最初は15分ほどかかりますが、次第に10分ほどに縮まる場合がほとんど。慣れてくると5分で書ける人もいます。

　フォーマットは右ページのようなものです。

　それぞれの質問に答える形で回答していくと、自然と自分のできたことを深く振り返り、内省することができるようになります。そして質問に沿って答えていくだけで、行動をどう変え

内省文のそれぞれの要素

ベストできたこと ＿＿＿＿＿＿＿＿＿＿＿＿＿＿＿＿＿＿

① 詳しい事実：具体的に何があったのか？

② 原因の分析：なぜそれができたのか？

③ 本音の感情：いま、素直にどう感じているか？

④ 次なる行動：明日からどんな工夫をしてみるか？

ていけばいいか、自分で気づけるようになるのです。

　小さな行動の変化は、いずれ大きな変化をもたらします。その結果、**自分の理想の姿である"ありたい姿"や目標の"なりたい姿"を実現していきます**。先にも触れたように、「できたことノート」は、そうした変化を導いてくれる「脱皮ツール」なのです。

　では、4つのステップの質問を順番に詳しく説明していきましょう。ある企業のマーケティング部門で働く若手社員の内省の例で説明します。

①詳しい事実：具体的に何があったのか？

　1つ選んだベストできたことに対して、より具体的に何があったのかを書いていきます。いつどんな状況で「できた」のかを思い出して書きます。思い出すときに助けになるのが4W1Hです。すなわち When（いつ）、Where（どこで）、Who（誰を、誰に）、What（何を）、How（どのようにして）、結果的に「できた」のか、ということです。

例 **内省文のそれぞれの要素**

　できたこと：「レポートをうまく作成することができた」

　When：先週の水曜日

　Where：会社のマーケティング部門で

　Who：上司に頼まれた

　What：先月のイベントの来場者100人分のアンケートを

　How：統計処理して、属性別に集計してまとめた

　結果：レポートをうまく作成することができた

　このように、**人が読んだときに、その情景が目に浮かぶくらい明確に書く**といいでしょう。最初に事実を詳しく確認することは、この先の分析をする上で重要です。分析が不十分になるときは、たいていこの事実認識が甘いことが原因なのです。

②原因の分析：なぜそれができたのか？

「できた」理由を探っていきます。分析というと難しく感じる方もいるかもしれませんが、ご心配なく。「なぜ？」と繰り返すことで自然と思考が深まり、真の原因を探り当てることができます。

　3回「なぜ？」を繰り返した例を見てみましょう。

例「レポートをうまく作成することができた」

・なぜうまく作成できたんだろう？

　　→ とてもよい参考資料を見てつくったからだ

　　　　　　　　↓

・なぜよい参考資料を見つけられたんだろう？

　　→ 同僚が紹介してくれたからだ

　　　　　　　　↓

・なぜ紹介してもらえたんだろう？

　　→ 統計がわからず困って相談したからだ

　このように「なぜ？」を繰り返すと、「上手に作成できた理由」が見えてきます。単純に考えると「よい参考資料を見たから」ですが、深めていくと「同僚に相談したから」という根本原因が見えてきます。

　この「なぜ？」を繰り返して深掘りする「なぜなぜ思考」は、ロジカル・シンキングと呼ばれる論理的思考法の一つです。なぜを繰り返すことで、結論（できたこと）と根拠（できた理由）の論理的つながりを捉えて理解することができます。

③本音の感情：いま、素直にどう感じているか？

「できたこと」に対する気持ちや、原因を分析したいまの感情

を正直に表現してみましょう。どう感じているか、素直な気持ちを文章にします。感情の種類はいくつかあります。なかなかうまく言葉にできないときには、喜び、悲しみなど、第1章で説明した「8つの基本感情」をヒントにしてください。そして、純粋な心に素直にアクセスしてみてください。

　感情をうまく文章にするためのポイントは、自分の本当の感情を、一歩引いたところから観察するイメージを持つことです。そして「こんな感情の自分がいるのか」と受け止めます。感情に対して、「よい、悪い」の判断は必要ありません。ありのままに肯定も否定もせず、自分の感情の存在を認めて受け入れ、書き出すのです。

例　「統計レポートをうまくつくることができてほっとしている。同僚からいいアドバイスをもらえてうれしい。ただ、いつも同僚に頼るわけにいかないし、正直にいうと自分だけでレポートがつくれるようにならないとまずいかなと、ちょっと焦る」

このように、湧き上がってきた感情を素直に書き記します。

④次なる行動：明日からどんな工夫をしてみるか？

　原因の分析や本音の感情に触れることを通じて、「もっとこうすればよかったかな」「次はこんなやり方にしてみようかな」と行動の改善点がイメージされているはずです。そこで、明日から具体的に実践することを書きます。

　何も立派なことや大きなことを書く必要はありません。「明日からこんな工夫をしてみよう」といった簡単なことでいいのです。うまく見つからない場合は、「ほかにやることがないか？」と自分に質問をして、何か新しい行動が取れないか考えると工夫点が見つかりやすくなります。

例 「まず明日、同僚をランチに誘ってお礼を言おう。また明日から少しずつ統計の勉強を始めよう。まずは通勤電車で毎日5ページずつ参考書を読もう」

　このように、すぐにできることを書きましょう。あまり大きな計画を立てると、「いつかやろう」と先延ばしして、結局やらなくなってしまいます。

　また「検討する」「心がける」のように、考えるだけで具体性に欠ける計画にも気をつける必要があります。人は、行動を変えようと思っても「現状維持バイアス」があり、「今までと

144

同じでいいか」と似たような行動を続けてしまうものです。せっかく気づいても、行動を変えないのでは、私たちは脱皮することはできません。**できた経験を活かしたといえるのは、行動が変わったとき**なのです。

　そのためにも、明日から確実に実践できるシンプルでカンタンなことを書きましょう。

　この内省によって、レポート作成という「できたこと」から新しい行動が生まれています。これは下の図にあるように、で

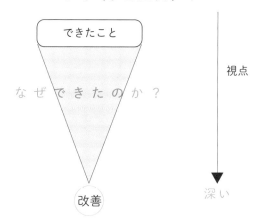

なぜなぜ思考（原因追究）

できたこと

視点

なぜできたのか？

改善

深い

きたことを「なぜなぜ？」という問いで深掘りしたからこそ、次にやるべき行動を発見できたのです。

「レポートが提出できてよかった〜。次もがんばろう」といった浅い思考ではここまでの行動を見出すことなかったでしょう。深掘りして考えたから、同僚をランチに誘ったり、勉強を開始したりと新しい行動に気づけたのです。
「なぜなぜ思考」の効果が高いことがおわかりいただけるでしょう。

　また①〜④の４つのステップの「順番」もとても重要です。
　感情が先に立つと、思考が停止するという話はしましたが、一方で自分の背中を押してくれるのも感情です。よって、まず「①詳しい事実」を認識し、「②原因の分析」で冷静に思考したあとに、「③本音の感情」にアクセスして感情に触れることで、「④次なる行動」につなげていく。**この思考の順番によって、新たな行動につながりやすくなる**のです。

　こうしてできたことからまた新しいできたことが増えていくことで、幸せを感じることも増えていきます。それは日々、少しずつ良くなっている実感があるからではないでしょうか。

ベストできたこと：レポートをうまく作成することができた

① 詳しい事実：具体的に何があったのか？

　When：先週の水曜日
　Where：会社のマーケティング部門において
　Who：上司に頼まれた
　What：先月のイベントの来場者100人分のアンケートを
　How：統計処理して、属性別に集計してまとめた
　結果：レポートをうまく作成することができた

② 原因の分析：なぜそれができたのか？

　なぜうまく作成できたんだろう？
　→とてもよい参考資料を見てつくったからだ
　　　　　　　↓
　なぜよい参考資料を見つけられたんだろう？
　→同僚が紹介してくれたからだ
　　　　　　　↓
　なぜ紹介してもらえたんだろう？
　→統計がわからず困って相談したからだ

③ 本音の感情：いま、素直にどう感じているか？

　統計レポートをうまくつくることができてほっとしている。
　同僚からいいアドバイスをもらえてうれしい。
　ただ、いつも同僚に頼るわけにいかないし
　正直にいうと自分だけでレポートがつくれるようにならないとま
　ずいかなと、ちょっと焦る。

④ 次なる行動：明日からどんな工夫をしてみるか？

　まず明日同僚を誘ってお礼を言おう。
　また明日から少しずつ統計の勉強を始めよう。
　まずは通勤電車で毎日5ページずつ参考書を読もう。

できたことノートを
書いてみよう

「はじめに」に出てきたDさんに再び登場してもらい、できたことノートを仕上げていきましょう。

　その週の「できたこと」の中から、Dさんが注目したのは「この日はレジ横の焼き菓子を我慢することができた」ということでした。

　いつもはカフェに行くたびに、レジ横の美味しそうな焼き菓子を手に取っていたDさんですが、最近、ウエストが気になっていたので、今回は焼き菓子を買わずに我慢したのです。カフェに行くのが大好きなので「カフェ好きDさん」と命名します。

ベストできたこと：レジ横の焼き菓子を我慢できた

①詳しい事実：具体的に何があったのか？
　7月9日のランチタイム、お気に入りのカフェに同僚のT

さんと一緒に入ったが、いつもは追加で買ってしまう、レジ横に並んだ美味しそうな焼き菓子を、買わずに我慢することができた。

②原因の分析：なぜそれができたのか？

　ウエストが気になってきたし、最近、体重が増えやすくなったような気がするから。また、今度、健康診断もあるので、それまでには少し絞ったほうがいいと考えたから。

③本音の感情：いま、素直にどう感じているか？

　お菓子を我慢できたことはうれしい。自分もやればできるな、と思う。ただ、このまま健康診断を受けるのはちょっと不安。少しは運動をしないとまずいかなと思う。

④次なる行動：明日からどんな工夫をしてみるか？

　お菓子を我慢するだけじゃ足りないかもしれない。最近、身体を動かしていないから、健康のためにも少し運動をしてみよう。とりあえず明日から、階段はエレベーターを使わず歩いてみることにしよう。

　　Dさんはこのように軽い運動から始めて、休みの日には、町

内で流行っているウオーキングをするようになりました。行動をどんどん変えていったのです。

　当初のＤさんに「ダイエットで５キロ痩せよう」といった明確な目標があったわけではありません。何気なく「ウエストが気になり」「いつものレジ横の焼き菓子を我慢した」だけ。
　でもその小さな「できたこと」に気づいて、ノートで内省を続けたことで、新しい行動をスタートさせることにつながりました。

　このように、**「できたことノート」のすごいところは、小さな変化から、新しい目標が見つかること**。だから新しい行動が自然に起こるのです。いま、とくに目標がなくても、焦る必要はありません。ノートを書き続けることで、それは自然と見つかっていきます。

 カフェ好きＤさんの１カ月後のノート

　Ｄさんが１カ月後に書いた「できたことノート」を見てみましょう。身体を動かすことが習慣になって、変化を楽しんでいる姿が見られます。

ベストできたこと：休日の朝1時間ウオーキングできた

①詳しい事実：具体的に何があったのか？

　日曜日の朝に一人で、町内にある公園で、1時間をかけて早足でウオーキングすることができた。

②原因の分析：なぜそれができたのか？

　とても天気のいい朝だったので、楽しくウオーキングすることができた。最近とても身体が軽くなってきた。階段もエレベーターも使わず歩いているし、少しずつだが運動の効果がでてきたことで、モチベーションも上がっているのかもしれない。

③本音の感情：いま、素直にどう感じているか？

　今日も運動ができてよかった。汗もかいてスッキリして気持ちいい。最近、身体が軽くなって、これなら健康診断の不安もない。

④次なる行動：明日からどんな工夫をしてみるか？

　普段の日も部屋で運動ができるように、ルームランナーを買ってみようかな。まずはネットで検索してどんな商品があるか調べてみよう。

「できたことノート」を続けることで、行動が変化していく姿が見られます。Dさんは、

- レジ横の焼き菓子を我慢→エレベーターを使わず階段を歩く→休日のウオーキング→ルームランナーを購入

と行動を変化させていきました。

　継続は力なりといいますが、「できたことノート」の履歴を見直したとき、小さな変化が大きな変化になっていった姿、まさに「自分が成長した過程」が見られることでしょう。

行動が劇的に変わる思考法

　４つのステップで考える思考法はおわかりいただけたでしょうか。

　これまで説明してきた４つの「質問文」によって、新たな行動に気づくことができます。

　たとえば第３章で例として挙げた30代女性の営業Ｎさんは、

・商品説明がうまくできた → 明るい色の服がいい
　→ 服を買う

という気づきの流れですし、カフェ好きＤさんは、

・レジ横の焼き菓子を我慢した → 健康診断が心配
　→ 運動をする

という気づきの流れでした。いずれも次の行動が改善されてい

ます。

　営業Nさんは服装の改善、カフェ好きDさんは運動して健康になるための行動の改善につながりました。これらの例はいずれも、一つの方向で「なぜなぜ思考」した結果です。営業Nさんは、服の話から飛び出してはいないですし、カフェ好きDさんは一貫して運動の話をしています。

　もちろん、この一点集中型で深掘る「なぜなぜ思考」でも行動の変化をもたらすのですが、ここでは、「視点が劇的に大転換する」気づきを得るための考え方をお話しします。

　いわば「行動改革をもたらす思考法」。それが**クリティカル・シンキング（critical thinking）**と呼ばれるものです。

「批判的思考法」と訳されるこの考え方は、「本当に？」という問いに代表されるように、ものごとを鵜呑みにせず、健全に疑うことによって本質を追究しようとする思考法です。

「批判」というと、否定や非難ととられがちですが、そうではありません。さまざまな角度から見ることでよりよい解決法を導き出そうとするもの。**視点が変わるので、凝り固まった考えから抜け出すのにとても優れた思考法**です。

「1 つの視点」で深掘りして考える「なぜなぜ思考」に対して、クリティカル・シンキングは「複眼的な思考」といえます。いろいろな視点や違った見方でものごとを見る目を養うことができるのです。

　クリティカル・シンキングに関する書籍は複数出版されていて、多くの企業の人材育成で使われています。また学校での探究学習でも取り入れられており、答えが一つでない時代に、「自ら問いを立てて深く考える力を養成する」ために必須の思考法の一つとされています。

 クリティカル・シンキングは目的思考を導く

　では、このクリティカル・シンキングを使って「できたこと」から大きな気づきや発見を得ていくには、どのような問いを自分に投げかけたらいいと思いますか？

　それが、

「そもそも何のために行ったのか？」

という**目的を確認する問いかけ。いわゆる「目的思考」です。**
その目的を確認できたら、次に、

「その目的から見ると、十分にできていると言えるだろうか？」

と健全に疑う思考を行うのです。すると、いままで発見されていなかった創造的な行動が見出されることになります。

では、なぜ「目的思考」をすると、いままでの見方とはまったく違う行動が見出されるのか？

下の図で説明してみましょう。

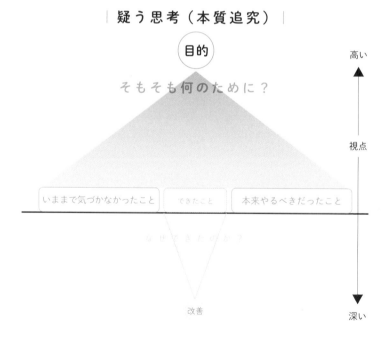

疑う思考（本質追究）

目的

そもそも何のために？

高い

視点

| いままで気づかなかったこと | できたこと | 本来やるべきだったこと |

なぜできたのか？

改善

深い

できたことを「そもそも何のために？」という問いで目的から見ることで「視座」が高まります。すると、視野が広がるので、**「いままで気づかなかったこと」「欠けていたところ」「本来やるべきだったこと」が見つかってきます**。すると、もっと創造的な行動が見出されるのです。

実はこれは、「できたこと」から「できていなかったこと」を見つけるプロセスです。

だったら最初から「できなかったこと」を反省すればいいじゃないか！　と思った方もいるかもしれません。

残念ながら、それではうまくいきません。なぜなら、その方法だと行動変容まで結びつかないからです。

最初に「欠けていること」から考えれば、それを改善しようと、一時的には動くかもしれませんが、長続きしないのです。そして「挑戦する行動」へのマインドも上がらないのです。

そうなるのはなぜでしょうか？　次のページの図をご覧ください。これはマインドの動きを表しています。

「できなかったこと」から振り返った場合

マインドの動き

強い不安

やばい、
どうしよう
……

しまった……
できなかった

自分には無理だ……
やめておこう

逃避

「できたこと」から振り返った場合

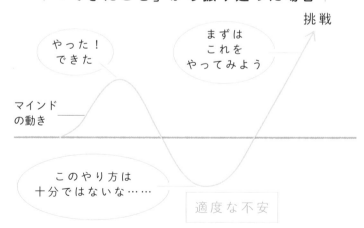

挑戦

やった！
できた

まずは
これを
やってみよう

マインド
の動き

このやり方は
十分ではないな……

適度な不安

　できなかったことから入るのは、「否定」から入るということ。当然、マインドは下がります。すると「やばい、できてない」と「強い不安」が生まれる。すると「無理だ、やめておこう」と逃避マインドになってしまい、行動につながりません。

　一方で、できたことから入るのは、「肯定」から入るということ。当然「やったね！」とマインドも上がるでしょう。そこで、目的思考をすると「目的から見ると十分じゃないな。もっとこういう行動もしなければまずいな」と足りないことに気づいてしまい、不安にもなるでしょう。

　ただ、「肯定」から入っているので、たとえマインドがいったん下がったとしても「適度な不安」となります。すると次には「まずは、これをやってみよう！」と、不安から脱出しようとする挑戦マインドが生まれるのです。

　そう、行動科学の研究では、人間は「不安」から行動を起こすことが明らかになっています。ただ、「強い不安」でなく「適度な不安」であることが重要なのです。

　第3章で悲観的な人と楽観的な人の違いについてお話ししましたが、双方ともリスクを考えるという面では同じ。でも、**リスクを過剰に警戒するか、適度に考えられるかの違いが、その**

後の行動に大きな影響を及ぼすのです。

　ここまで読み進めていただいた読者の皆さんなら、もうお気づきだと思いますが、「できたことノート」は、「できたことを見て、明るく自己肯定感を上げてポジティブなりましょう！」といった、浅くて長続きしないメソッドではありません。

　私は行動を変える専門家として、誰もが目標やありたい姿を実現した、イキイキとした人生を送ることができると信じています。
　そのためにはどうしても、いままでやっていなかったことや、できていなかったことに手をつけてもらう必要があります。目標やありたい姿を実現するには、当たり前ですが、いままでやっていなかったことを実行するしかありません。
　その「欠けていたところ」を肯定的に発見する方法が、できたことからの「目的思考」なのです。

　目的から考えて「本当に？」「十分か？」と疑って考えることは、ある意味でキツいことかもしれません。
　でも大丈夫。できたことを見つめ、自己肯定感を上げてきている状態なので、心のフタを開けても平気。しっかり自分と向

160

き合えるはずです。これが視点の大転換を生み、いままで気づ
いていなかった「新たな行動」に結びついていくのです。

　自分の得たい人生の実現に向かって、新たな行動を見出すた
めにも、「できたこと」を日々見る価値が高いことがおわかり
いただけたかと思います。

　難しいことはありません。大丈夫です。だってあなたは「す
でにたくさんできている」のですから。

 目的から新たな行動を見つける問いかけ

　このような「目的から考える内省」は、いつ、どれくらいや
るべきなのでしょうか。

　私は「**月イチ**」をお勧めしています。普段は「なぜなぜ思
考」でできたことを深掘りする考え方でいいのですが、4週か
5週に1回は、「目的から考えた上で健全に疑ってみる」とい
う視点を持つことが大切です。

　何かにたどり着くためには、目的や目標が必要ですが、月1
回くらいは、その目指すべき方向性を「本当にそれでいいの
か？」と見直して、言語化する必要があります。

私は目標達成のためのメソッドも開発し、多くの企業の人材育成に提供していますが、目標達成しない人に限って、そもそもの目標設定が間違っていたりします。状況が変わったり、環境が変わったりするのが世の常。だとしたら、月1回はその方向性が合っているのかを見直してみるのが効果的です。

　では、目的思考をするときの自分への問いかけはどうしたらいいのか、もう少し詳しく説明していきます。
　週1回、自分で選んだ「ベストできたこと」に対して、次のようにA・Bの2段階で自分へ問いかけを行っていきます。

A　目的を確認するための質問
　「そもそも何のために行ったのか？」
B　視点を転換するための質問
　「その目的から見ると、十分だろうか？　ほかにやれることはないか？」

　この質問文は、具体的には、内省文の4つのステップの質問のうち、②の「原因の分析」の中で、いつもの「なぜなぜ思考」の代わりに、「目的思考」で自分に問いかけていく質問となります。

　順番に説明していきましょう。

A　そもそも何のために行ったのか？

　こう問いかけることで、「できたこと」の目的は何だったの
か、と考えることができます。明確な目的を確認できると、視
点を大転換させる準備が整います。3章で例に挙げた営業N
さんの例ですと、「取引先に商品の説明をした、そもそもの目
的は、受注に結びつけること」です。

B　その目的から見ると、十分だろうか？　ほかにやれること
　はないか？

　この「疑う質問」を加えることで、**いままでとまったく違う
視点**で考えられます。目的を確認することで、視野が広がって
いるので、まったく別の見方をすることができるからです。

　営業Nさんの例だと、「受注に結びつけるために、この次の
商談では、商品説明だけでなく、事例集の資料を持って行って
説明に加えてみよう」など、いままでにない視点で考えること
ができます。

このような目的思考をしたとき、「③本音の感情」に加えると、良いものがあります。それが「成長イメージ」です。

先ほども少し触れましたが、目的思考によって「欠けていた点」に気づいてしまい、不安などマイナスの感情が生まれることがあります。そのときはその不安をいったん素直に受け止めた上で、「これから自分はどう変われるか」という成長イメージの気持ちを加えると、マイナス感情を乗り越えることができます。

営業Nさんの例だと、「明るく商談をこなせばいいと思い込んでいたな。まずかった。でも事例集の資料はきっとお客様は喜んでくれるはず。自前でつくる営業資料を使った説明は初めてで、不安はあるけど、やってみる価値は高そう。ここを乗り越えれば一つまた成長できそうで、ワクワクでもある」

といった具合です。不安の感情は生まれていますが、その後の挑戦行動によって成長できる自分をイメージしています。このような感情の持っていき方が次の行動の実践力を高めるのです。

カフェ好きDさんの目的思考を見てみましょう。どのように視点が大転換していっているか確認してください。

ベストできたこと：休日の朝1時間ウオーキングできた

①詳しい事実：具体的に何があったのか？

　日曜日の朝に一人で、町内にある公園で、1時間をかけて早足でウオーキングすることができた。

②原因の分析：目的からみるとどうか？

A　そもそも何のために行ったのか？

　ウエストが気になり軽い運動やウオーキングを始めたが、そもそも体重を減らしたいと思ったのは、痩せたいというより、健康でいつまでも家族と楽しく暮らしていきたいという目的がある。

B　その目的から見ると、十分だろうか？　ほかにもやれることはないか？

　運動して痩せることばかり考えていたけど、家族との幸せな生活が目的なら、家族との時間を大切にすることも大事なのではないか。

③本音の感情：いま、素直にどう感じているか？

そういえば、最近あまり家族とどこかに一緒に行ってないな。忙しいことを言い訳にして余裕がなくなっていたかもしれない。もっと家族との時間を増やしてみよう。喜ぶ顔が楽しみだな。

④次なる行動：明日からどんな工夫をするか？

週末は家族でカフェに出かけよう。美味しい飲み物と食べ物を楽しみながらゆっくりとした時間を過ごそう。

どうでしょうか？　ダイエットだけに注目していたカフェ好きDさん。レジ横の焼き菓子を我慢してから、軽い運動やウォーキングまでは、同じ「痩せる」という一方向の視点でした。それが目的思考をしたことによって、「家族との時間」という別の視点になったのです。

それはDさん自身が大切にしている価値観、すなわち「家族との生活を大切に思っていること」に気づいたからにほかなりません。まさに「大発見」です。Dさんが大きく脱皮している姿が見られます。

その後、カフェ好きDさんは、健康診断も問題なくクリアしたそうです。仕事も明るく楽しんでいるとのこと。でもイキ

イキしている本当の理由は、家族との時間が充実しているからなのはまちがいありません。

　第3章でお話しした、「できたことノート」を書くメリットは、次の3つでした。

①できたことが見つかり自信が出てくる（自己肯定感 ⤴）
②不安も受けとめられ、前向きになれる（やる気 ⤴）
③次にやることが見つかり行動的になる（行動力 ⤴）

　これに加えて目的思考をすることで、今まで気づいていなかった、自分が本当に大切にしていることや価値観が見つかるのです。
　いかがでしょうか。カフェ好きDさんの例に沿って見ていくことで、これらがどのように達成されていったか、おわかりいただけたのではないでしょうか。

みんなの「できたことノート」を見てみよう

　それでは、ほかの人の「できたことノート」も見ていきましょう。

 資格試験に挑戦するMさんの「できたことノート」

　英語の勉強をしているMさんのノートです。

ベストできたこと：英検の2次試験で前より話せた

①詳しい事実

　今週の土曜日、試験会場の大学で、英検準2級の面接2次試験を受けた。前回落ちたので2回目のチャレンジだった。面接官に聞かれたことを答える形式で、前回よりはなんとか話せた。

②原因の分析

　前回落ちてから、毎朝リスニングを10分続けてきたのがよかった。そもそも英語の勉強をしている理由は、子どものころ

から英語を活かして働くことを夢見てきたから。でも実際に働くには、英語を勉強するだけでは足りないかもしれない。

③本音の感情

　英語のスキルが上がってきたのは正直うれしい。自分でもけっこう話せると自信が出てきた。ただ、英語力を活かせる仕事を見つける準備は何もしていない……。とても不安だ。

④次なる行動

　英語のリスニングは続けよう。次は TOEIC に挑戦したい。また就職セミナーに参加して、外国人と働いている人の話を聞いてみよう。まずは明日に早速、セミナーが開催されているか調べてみよう。

　どうでしょうか。「英語の勉強」から「英語を使って働くための活動」につながっています。

　このように、資格試験など「目標がすでにある場合」には、そのことに限定してノートを書いていくのもよい方法。テーマ別に自分の成長の軌跡を確認することができるからです。**高い目標の場合、自分では停滞しているように感じがち。でも、「できたことノート」に記録していくことで、意外と前に進ん**

でいる自分に気づくものなのです。

 フリーランスKさんの「できたことノート」

　新人研修の仕事を頼まれたフリーランスの研修講師Kさんのノートです。

ベストできたこと：ホテルスタッフ向けの新人研修で地元の町の魅力を伝えられた

①詳しい事実

　4月13日、地元のホテルのスタッフになる新人さんたちに「この町を知って好きになろう」という題でスライドを使って90分の研修を行った。

②原因の分析

　依頼をもらったときは、自分の知識が役に立てると思えてうれしかった。地図や写真を貼ったスライドを中心に、5時間ほどかけて資料をしっかり準備することができた。また新人さんたちに、お客さんに自信を持って話してほしいという気持ちがあり、やりきることができた。

③本音の感情

　これからホテルスタッフになる新人さんたちに町の魅力を伝えられてよかった。時間配分が少し押したが、自分なりにまとめてうまく伝えられたことが、すごく楽しかった。

④次なる行動

「人前で話すことが楽しい」という自分を知った。もっと上手な講師になるためには、伝え方のスキルを身につける必要がある。まずは役に立ちそうな本をいろいろ探してみよう。

　どうでしょうか？　研修が楽しくできたことから、「もっとスキルを上げよう」という考えに発展しています。

　「できたことノート」で内省していくと、このように、「自分という人間の特性や好きなこと」に気づくこともあります。これも、できたことをしっかり振り返る内省の効果といえます。

 60代の主婦Ｓさんの「できたことノート」

　定年後に旦那さんと2人暮らしを楽しんでいる主婦Ｓさんのノートです。Ｓさんは、これまでほとんどスマホしか使っていなかったのですが、最近、パソコンも使い始めました。

ベストできたこと：パソコンの操作を間違えてトラブルを起こしたが、家族・友人に連絡したら教えてもらえた。

①詳しい事実

　土曜日の午後、一人でパソコンの操作をしていたら画面が固まって動かなくなり、とても焦ってしまった。遠方に住む息子と友人に状態を知らせたら、どうすればいいかを教えてくれて無事に解決できた。

②原因の分析

　困って焦ってしまったけど、自分のミスを友人や息子に正直に伝えたら、的確なアドバイスがもらえて、すぐにパソコンの状態は回復した。操作のことだけでなく、「焦らないように」とやさしく声をかけてもらえて少しほっとした。息子からはネット詐欺について注意を受けた。

③本音の感情

　最初は操作できない自分に腹が立って焦ってしまったけど、そのことも含めて周りに伝えたら、いいアドバイスが返ってきたのでよかった。息子も心配してくれてうれしい。

④次なる行動

　息子に注意された点を紙に書き出す。感情的になり、あわて
たり焦ったりすることがまだまだあるので、これからはもっと
素直に友人に話してみることにする。

　どうでしょうか。PCのトラブルで大変ですが、息子さんや
友人たちにとても大切にされている様子がうかがえますね。

　そして、感情をうまくコントロールしてよりよく生きようと
されている姿が見られます。

　人は日々の経験から学んでいくものですが、その経験を活か
せるかどうかは、このような「内省の習慣」があるかどうかに
かかっているのです。

　「できたことノート」を使って内省文を書いていくことは、週
に1回、たった10〜15分程度のことですが、**そのあとに大き
くプラスの影響を与える「脱皮ツール」だということ**がおわか
りいただけたと思います。

　ぜひ思い込みによる心のフタから解放されて、「自分の内に
眠る可能性」を引き出してください。

　あなたも必ず変わることができます。

一流アスリートもしている「内省」

　アスリートの中には、「できたことノート」と同じような仕組みで、日本代表にまで上り詰めた人がいます。

　卓球の日本女子代表の早田ひな選手です。4歳から卓球を始めて、数々の大会で優勝し、日本ではシングルス、女子ダブルス、混合ダブルスの3冠を達成して、世界ランキングでも上位に位置しています。

　早田選手は、子どものころから「ノート」をつけていました。その日の試合や練習を振り返って、頭に浮かんだことを書くのだそうです。そこには、

・コーチから教えてもらったサーブ

など技術的なことや、

・メンタルがどう動いたのか

など心理的な変化が書かれているとのこと。また、

・わからなかったことや迷っていること

も書いて思考を言語化しているというのです。さらにそのノートには、

・カウンター攻撃は、前で早く捉えるか、少し足を下げるのか

など行動（計画）も書かれているそうです。

　まさに、「自分で考えていること」をいったんノートに書き出して客観視することで、思考を整理し、次なる行動に活かそうとしているのです。

　ノートに「事実」と「思考」と「行動」を書いて成長につなげる。早田選手のいまの活躍は、まさにこのノート術によって実現したといっても過言ではないでしょう。

　このように、一流のアスリートも、日々、自分のことを見つめて、それに対して少しずつ改良を加えていくということを積み重ねているのです。

参考：島沢優子『世界を獲るノート』（カンゼン）

第 5 章

できたことノートを
続けると見えてくる
「ありたい姿」

S	M	T	W	T	F
	1	2	3	4	5
7	8	9	10	11	12
14	15	16	17	18	19
21	22	23	24	25	26
28	29	30	31		

まずは3週間、続けてみよう

「できたことノート」を書き続けることで、どんな変化が起こるのでしょうか。

第3章でお話しした、「できたことノート」に関する習慣は、次のようなものでした。

習慣1：毎日、感情マークを描いたあと、「できたこと」を1
　　　　〜3つメモしていく（毎日、寝る前3〜5分）
　　　　　　　　　　　　　↓
習慣2：週1回、ベストできたことを1つ選び、4つのステッ
　　　　プで「内省文」を書く（週1回、10〜15分）
　　　　　　　　　　　　　↓
習慣3：気づいた工夫点を実践してみる（以降、繰り返す）

この習慣をまず3週間、続けてみましょう。最初は少し時間がかかる人もいるかもしれませんが、続けていくうちに、だんだん簡単にできるようになっていきます。「書くことに慣れる」

のが最初の3週間です。

　3週間、続けることができたら、次は3カ月間やってみましょう。このころには、あなたは自分の「大きな変化」を感じられるはずです。

　ここまで続けられたら、途中でやめるのはもったいない。自分が必要と思うぶんだけ続けてください。ご自身の手帳や、本書の姉妹ツールである『できたこと手帳』などを活用してもいいでしょう。

　私は最近、「できたこと手帳クラブ」という「部活動」の顧問をやっています。

　週に1回、オンラインで集まり、お互いのできたことノートを見せ合いながらワイワイ話し合います。「ベストできたこと」を披露して選んだ理由を話したり、内省文に対してアドバイスし合ったりします。お互いに「できてるね」と応援し合う、とても気持ちのいいクラブ活動です。

　できたことノートが日常になった人は、異口同音に「精神的にとても強くなった」と話しています。

　このことは、データからもわかります。行動支援のITシス

テムのデータを分析したある調査では、**内省文を書くことを3カ月以上続けた人は、続けなかった人に比べて目標達成の度合いが約2.5倍も高い**という結果が出ました。

　まさに「行動と内省の習慣化」が大きな成果を生み出すことを表しています。

「経験から学ぶ力」が まだ十分でない人の対処法

　ここまでお話ししてきたように、「できたことノート」は、質問文に答える形で、①詳しい事実、②原因の分析、③本音の感情、④次なる行動、の4つのステップで内省文を書いていきます。その中で、「できたこと」という経験から学び取り、次に活かしていこうとする思考のツールです。

　私はのべ1万5000人の行動データと内省文を分析してきましたが、中にはポイントを外してしまっていて、経験からうまく学び取れていない人も意外といることがわかりました。

　そんな人が陥るNGパターンは、次のページの図のように、主に4つあります。

 NGパターン1　詳細なし型

　①〜④のすべてのステップで内省しているものの、すべてが文字数が少ない状態で、これは「面倒くさがり屋タイプ」に多く見られるケース。こうした内省文は、深く考えることができていないため、新たな気づきにつながりません。

経験から学ぶ力が十分でない内省文

①詳しい事実　②原因の分析　③本音の感情　④次なる行動

NGパターン	説明	人間タイプ
1.詳細なし型	「詳しい事実」の記述がなく、思考が浅くなってしまう	面倒くさがり屋タイプ
2.分析なし型	「原因の分析」の記述がなく、視野がせまいままとなってしまう	ガッツ空回りタイプ
3.感情なし型	「本音の感情」の記述がなく、やる気が上がらない	とらわれタイプ
4.行動なし型	「次なる行動」の記述がなく、実際の行動には結びつかない	口だけ評論家タイプ

では、英語の勉強に取り組んでいる人の例で説明します。

①詳しい事実

英単語を10個覚えることができた。

②原因の分析

ドリルを一生懸命やったから。

③本音の感情

うれしい。

④次なる行動

今週もがんばる。

　詳細に書いていないので、「英単語を 10 個覚えた」という貴重な経験からうまく学び取れていないのです。実際のデータからは、このような内省文から行動が改善されることは難しい、ということがわかっています。こうした浅い思考になってしまう主な原因は、

・詳しい事実が不十分

であることです。

　内省の難しいところは、「過去を思い出して書く」ことです。人間ですから忘れていることもあるでしょう。でも、そこは面倒くさがらず、第 4 章で説明したように 4W1H を利用して、When（いつ）、Where（どこで）、Who（誰を、誰に）、What（何を）、How（どのようにして）できたのかを書いてみてください。

　その情景が目に浮かぶくらいに詳しく書くと、分析にうまくつながっていきます。

 NG パターン 2　分析なし型

　原因の分析が不十分な人は、「詳しい事実」からすぐに「次なる行動」に思考がすっ飛んでしまう傾向にあります。おそら

く「この状況なら次はこれをすべきだろう」とすぐに頭に浮かんでしまう、頭の回転がとても速い方だと思います。経験豊富で成功体験があり、そう考えてしまうのでしょう。

しかし、「なぜ？」「そもそも？」という「分析」の思考が弱いので、視野が広がっていかず、ともすれば短絡的な思考に陥ってしまうことが多いのです。

では、ある営業担当者の例を挙げて説明しましょう。

①詳しい事実

水曜日の午後、担当している商品を初めて販売することができた。先週、リストを利用して電話でアポイントを取ったお客さまを訪問して商談した。

②原因の分析
────────

③本音の感情

最初は不安でドキドキしたが、うまくいってよかった。最高の気分だ。

④次なる行動

これからも、たくさんアポを取って商談の数を増やす。

　この方はやる気があり、積極的でよさそうなのですが、「たくさんアポを取る」だけでは、実は新たな気づきは得ていません。**本来は「この商談がなぜうまくいったのか」と分析することで、新たな視点を発見できたかもしれないのに、何も新しいことに気づいてはいないのです。**

　新しい発見につながる思考とは、たとえば、

「うまくできたのは、説明用の資料がよかったからではないか。もっと改良できる点はないか」
「商談中のお客さまの話の中で"別の会社の商品を検討した"と言っていた。さっそく競合企業を調べる必要がある」

といった具合です。

　確かに、「商談を増やす」という行動はよさそうに見えますが、少し短絡的すぎます。これでは、経験から学んでいるとはいえないのです。

　こうした人は精神論に傾いてしまうことが多く、調子がいいときは元気なのですが、調子が悪くなると急に失速する「ガッツ空回りタイプ」になりやすいので、注意が必要。成果に対する思いが強いことは素晴らしいことですが、まず落ち着いて、できたことを分析した内省文を書きましょう。

NGパターン3　感情なし型

　感情を書かない人、書いていても本音でない人もいます。

　先日も、ある研修で40代の男性が、「私、内省文に『楽しい』と書いてありますけど、実はその真逆で、本当は苦しくて辛くてしょうがなかったんです。私、ウソ書いてました……」と話してくれました。

　心のフタを開けて「純粋な心や本当の気持ち」に触れることに慣れていない人も見受けられます。「自分はこういう人」と決めつけている、「とらわれタイプ」に多い現象です。でも安心してください。毎日できたことを書くことで、自分を見る目が肯定的になり、それによって誰でも自然と自分の本当の気持ちと向き合えるようになります。

　ここでは、留学を目指している人の例を挙げましょう。

①詳しい事実

　金曜日の夕方、人材紹介会社主催の新宿で行われたセミナーに出席して、留学の情報を得た。

②原因の分析

　セミナーに行けたのは広告で見つけたから。そもそも昔から海外志向が強くて、そのために英語の勉強もしてきた。実際、

海外に行くとなると、お金の面も気にする必要がありそうだ。

③本音の感情

――――

④次なる行動

　お金をなんとかしなくてはいけない。まず親に相談かな。

　このように**感情を書かないと、明日からの行動に対する動機
づけ、いわゆる「やる気」が上がっていかない**のです。

　この例でも「親に相談するかな」程度のゆるい意思になって
しまっています。これでは、実際に行動を実践するかどうかは
怪しくなってしまいます。

　もし感情を書いていたら、「留学のイメージが見えてウキウ
キしてきた。ただ、実際は不安もある。とくに資金面が心配の
種だ」などとなるでしょう。

　こんなふうに本音の感情を書くことで「自分の意思」がわか
ります。感情に触れることによって、次なる行動が変わってく
るのです。たとえば、

「よし！　明日、親に情熱を込めて説明して、なんとか資金面

で協力してもらえるよう頼んでみよう。きっと伝わるはずだ」

　となります。先ほどの「お金をなんとかしなくてはいけない。まず親に相談かな」とはだいぶ熱が違うことがわかりますか。

　人は、感情に触れるからこそモチベートされます。ですから、感情を書くことは欠かせません。感情を書き、自分の本当の気持ちを再認識することで、実際の行動へとつながるのです。
　最初は「うれしい」「楽しい」「悲しい」「不安だ」という感情の種類から選択するだけでもかまいません。無理せずゆっくりいきましょう。

 NG パターン4　行動なし型

「④次なる行動」は書いてあっても、実際の行動に結びつかない人がいます。口だけの「評論家タイプ」の状態を克服するには、ここの書き方に注意する必要があります。
　たとえば以下の6つの例はすべて、行動がまったく実践されなかった「次なる行動」の実例です。

「この調子でまずは体重2キロ減を目指したい」
「まずはプランニングをしていきたい」

「前日に準備をするように心がける」
「来週から気合を入れてがんばる」
「次はしっかり追い込みを行う」
「明日からは積極的に取り組む」

「この調子でまずは体重2キロ減を目指したい」「まずはプランニングをしていきたい」がなぜ実践されないか。

　この2つの例の言葉はいずれも「○○したい」で終わっています。これは単なる「願い」で、行動に移されることはありません。こんな場合は、「○○する」という実際に行動を起こすための言葉を使うといいでしょう。

・プランニングをしていきたい → プランニングをする

　さらに、もっと具体的な実践計画を付け加えると、実際の行動に結びつきやすくなります。
　そこで便利な問いが、

「いつやるのか？」「何をやるのか？」「どうやるのか？」

の3つの質問です。この質問を自分にすることで、より具体的

になります。

・まずはプランニングをしていきたい → 明日の夕食時に、
　夏休みの旅行について、家族で話し合って計画する

　このように明確な行動に落とし込んでいくといいでしょう。

　次に「前日に準備をするように心がける」「来週から気合を
入れてがんばる」がなぜ実践されないか。
　この２つは、実はいずれも行動ではなく、「精神論」を語っ
ています。「心がける」「がんばる」「意識する」「検討する」の
ような言葉は、頭で考えることであって「実際の行動」ではあ
りません。こうした言葉は使わず、簡単なことでいいので、よ
り具体的な行動を書きましょう。
　この場合、こんな質問を自分に投げかけるといいでしょう。

「"準備をするように心がける"とは、具体的にどんな準備を行
うのか？」
「"気合を入れてがんばる"とは、具体的にどんなことを実践す
るのか？」

　具体的というのは、その言葉通りに動いたら「誰でも同じ行動を取る」といったレベルのことを指します。次のように、何をやるのかを明確にしていくとよいのです。

・前日に準備をするように心がける → 帰る前に 10 分使って翌日のスケジュールの確認を行う

　このように、具体性のある行動計画にしていくといいでしょう。

　続いて「次はしっかり追い込みを行う」「明日からは積極的に取り組む」がなぜ実践されないか。

　これら 2 つは、「程度」を表す言葉を使っています。第 3 章の「思考停止に陥る 3 つの罠」でも触れたように、「しっかり」「もっと」「きちんと」「積極的に」「主体的に」「効率的に」といった言葉は、「どれくらい実践するのか」という度合いがあいまいになりがちです。

「"しっかり追い込み"とは、どの程度、何をすることを言っているのか？」
「"積極的に取り組む"とは、どれくらいのどのような取り組み

を指すのか？」

　こちらも、こうした問いかけで引き出していくといいでしょう。そして、「どの程度やるのか」を数値化して明確にすることがポイントです。

・明日からは積極的に取り組む
　→明日から朝の通勤時間30分を使って新聞を読む

　このように程度を数値で表すことで、実践度が格段に上がります。
　ここで説明した4つのNGパターンになっていないか、自分の内省文をチェックするといいでしょう。

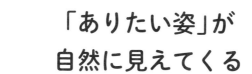

「ありたい姿」が
自然に見えてくる

　**「できたこと」を見つけ続けることで、わかってくることが
あります。それは、自分の「ありたい姿」です。**

　人には誰でも「こんな状態であったらいいな」という願望が
あります。それが「ありたい姿」です。たとえば「いつも笑顔
で過ごしていたい」「英語を使ってバリバリ活躍していたい」
「モデルの○○さんのように暮らしたい」といったもの。

　このような願望は心の奥にあるものなので、普段はあまり気
にすることもないでしょう。

　でも、「ありたい姿」は、自分の向かうべき方向を示してく
れます。日々「できたこと」を見つけることで、自分がどうい
う姿を目指しているのかが見えてくるようになるのです。

 自分の価値観がわかるようになる

　毎日記録する「できたこと」のメモの中には、すでにあなた
の「価値観」が現れています。

価値観とは「何を大事に思っているか、何を大切にしているか」ということ。1週間分のたくさんの「できたこと」は、あなたが「よかった」と思ったことの集まり。つまり、あなたが人生の中で大切にしていることばかりであり、とても意味のあることです。

　さらにその中から直感で1つを選んで、「できたことノート」で週1回の内省をするわけですが、「直感で1つ選ぶ」というのは、メモしたものよりさらに意味の深いことです。なぜなら、その「できたこと」から学び取っていこうという意思そのものに、あなたの価値観が現れているからです。

　先ほど「いつも笑顔で過ごしていたい」「英語を使ってバリバリ活躍していたい」といった、人それぞれの願望の例を挙げましたが、この願望こそ、あなたが大切にしているもの、大事に思っていること、すなわちあなたの「価値観」なのです。

　3人の例を挙げて説明しましょう。1つ選んだ「できたこと」の奥には、それぞれどんな価値観が隠れているでしょうか。いったい何を大切に思っているのでしょう。

・夫に誕生日プレゼントをしたら喜ばれた
　この人の中には、「家族と笑いながら明るく過ごしていきた

い」という思いが隠れています。

・通勤はいつも電車だが、途中下車して一駅分歩いた
　この人の中には、「元気でハツラツと生きていきたい」という思いが隠れています。

・初めて顧客に商品を販売できた
　この人の中には、「営業として早く一人前になって成果を出せるようになりたい」という思いが隠れています。

　いずれの思いも「ありたい姿」です。

　この「ありたい姿」を確認することが大切な理由は、それがモチベーションの源泉となるからです。
　しかも、この源泉から湧き上がる気力は、絶えることがありません。自分の内側からいつまでも湧き出てきます。その「自分のエネルギーの源泉」を知ることで、さらに前に進むことができるようになるのです。

やるべきことは、「自分らしさ」の発揮

・毎日、できたことをメモ → 週1回、内省文を書く
　→ すぐに工夫点を実践

　この活動の繰り返しによって、最終的に得られることは何でしょうか。それは、

・真にあなたの「やるべきこと」が見つかる

ということです。まさに「使命」の発見です。すなわち「何のために生きるのか」がわかるようになるのです。

　大げさに聞こえるかもしれませんが、これをわかって生きている人と、わからないで生きている人とでは、人生の捉え方、そして充実度が大きく違ってきます。

　ときおり、会社での配属先に不満があって会社を辞める人がいる、といったことを聞きます。たとえば、「私の希望は企画

部だったのに、経理部に配属になった。このままやっても意味がないから辞める」といった具合です。

　しかし、このように「企画」「経理」といった職種名に固執すると、いつまでたっても苦しいままです。実は、**充実した人生を送るためにより大切なのは、仕事の内容よりも「仕事ぶり＝自分スタイル」なのです。**

 「自分スタイル」って何？

　少し私の仕事の話をさせてください。私が独立する前の会社員時代の職種は「システムエンジニア」でした。

　当時の私は、海外のエンジニアから最新の知識を得て仕事に活かしていました。彼らとコラボする中で、さまざまな発明品（ソフトウエア）を生み出しました。彼らとは、技術を公開している個人のウェブサイト経由で知り合っただけ。一度もじかに会うことなく、メールで交流していました。会社組織の枠を超えて、ワイワイやっていたという感じです。

　でも、たとえばもし私が住宅の塗装工になっていたらどうだったでしょうか？

　そうだとしても、きっと同じような仕事の仕方をしていたは

ずです。塗装工の仲間をつくって、一緒に何か面白いことを考える。たとえば私が「こんな派手なピンク色のペンキを発明したんだけど、どうかな？」と仲間に尋ね、「ペンションとかに塗ったら目立つんじゃない？」「じゃあやってみようぜ！　まずはうちの家に塗っちゃおう」とワイワイやりながらピンクのペンキを外壁に塗って、「やっぱり失敗だったか……」と笑いながら「次は黄色にするか」と仲間と話し合う。こんな感じだったでしょう。

　何か新しいものを発明して仕事に活かしながら、仲間とワイワイ働くことが、私は楽しい。これが私の「仕事ぶり」なのです。ですから、システムエンジニアにならずに、塗装工になったとしても、パン屋さんになったとしても、同じような「仕事ぶり」で、楽しく仕事をしていたはずです。

　たとえば、教師になりたかった人がいたとします。一生懸命に教師を目指しても、必ず教師になれるわけではありません。しかし、「どんな仕事ぶりを自分が望んでいるか」を知っていれば、選択肢はぐっと広がります。
「人に教えるのが好き」ということであれば、何も教師でなくてかまいません。たとえば、営業などはまさに人の育成がコア

になる仕事。ですから自分が「人に教えるのが好き」ということをわかった上で、営業の仕事をスタートすることで、きっと人を育てるのがうまいリーダーになっていけるでしょう。

　最初から「職種」にこだわってしまうと、うまくいきません。大切なのは自分らしさを追求することなのです。「自分らしい仕事ぶり＝自分スタイル」で生きていくことこそ、人生を充実させるのですから。

 「できたことノート」で、自分の使命がわかる

「できたことノート」を書き続けると、自分は何のために行動しているのかが見えてきます。そして、「自分スタイル」が見えてくるようになります。このノートは、あなたの価値観の集積だからです。

　どんなふうに仕事をしたいのか、どんな人になりたいのか、どんな人生を歩みたいのか。そして自分はどのような使命を持っているのか……。

　その答えは、すでにあなたの内側に眠っています。誰もが可能性を持っています。

　しかし、その可能性に気がつける人はごくわずか。なぜなら、毎日、圧倒的に「やること」が多いために、思考に割く時間を

取ることができないからです。そうなると、立ち止まって考える間もないまま、次の日がきてしまう。どんなにがんばっていたとしても、その繰り返しは「停滞」でしかありません。

　あなたに必要なことは、新しい自分を「外の世界」に求めることではありません。**「自分の内側」を見つめて、思い込みの殻から脱皮すること**なのです。

　日々の「できたこと」を肯定的に捉えて、「次はどうしたらいいかな？」と考え、「できたことノート」に書くことで、自分の価値観を見つけ、磨いていく。これを続けていくことで、あなたは、きっと変わることができます。脱皮することができます。自分の使命が、必ず見つかります。

 ## いまの自分の中に答えがある

「できたことノート」は、思い込みから脱する「殻破りツール」です。自分でも気づいていない、「新しい自分の発見ツール」ともいえます。

　人は誰でも、すでにたくさん「できて」います。多くの人はそれに気づいていないだけです。

「できたこと」を見つける手法は、第2章で説明しました。ぜひ毎日、寝る前に、3つのめがねとレンズを使って、今日の

「できたこと」を探してください。めがねとレンズは「いろいろな見方がある」ということを整理しただけです。自分なりの新しいめがね（自分の見方）を考えるのもよいのではないでしょうか。

　そして、自分を変えることは、「自分に対する見方と行動」を変えることです。自分は内側からしか変われません。その内側から変わるための内省の手法は、第4章で説明しましたね。ぜひ週に1回、10分ほどの時間を活用して自分を見つめてください。

「早く結果を出したいと焦る人」の中には、外に答えを見出そうと、異業種交流会などに出まくって人脈づくりに没頭する人がいますが、一向に答えが見つからないことも多いようです。

　積極的に外部の人と交流するのはとてもよいことですが、**自分を変えることができるのは自分だけ。そこだけは誰も手伝うことができない**のです。自分の頭で考えて、気づいて、行動を変えていくことしか、自分を変える手立てはありません。それを助ける道具が「できたことノート」なのです。

おわりに

　私たちは小さいころから、人と比較され、自分の欠点を見る
ように訓練されてきました。それはデータにもはっきり表れて
います。日本人の若者は、他国の若者に比べて、自己肯定感が
とても低いのです。

　次のページに示したグラフは、内閣府が行った、日本を含め
た7カ国の13〜29歳の若者を対象とした「我が国と諸外国の
若者の意識に関する調査」（平成30年度）です。この調査によ
ると、日本は諸外国と比べて、自分を肯定的に捉えている人の
割合が低いという結果が出ています。

　この自己肯定感の低さの原因については、いろいろと言われ
ていますが、私自身は第1章で述べてきたように「欠けている
部分ばかり見てしまう人間の特性と、比較され評価されること
で肯定感を下げさせられた結果」だと考えています。

　このようにお話しすると「日本人の謙虚さが表れただけでは

┃ 日本では、自分を肯定的に捉えている若者が少ない ┃

【グラフ1】自分自身に満足している

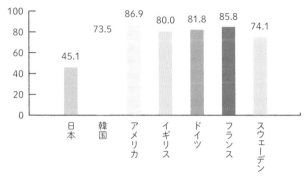

※「次のことがらがあなた自身にどのくらい当てはまりますか」との問に対し、「私は、自分自身に満足している」に「そう思う」「どちらかといえばそう思う」と回答した者の合計

【グラフ2】自分には長所があると感じている

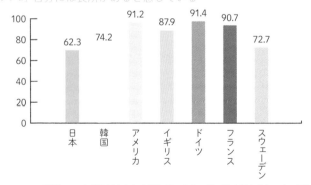

※「次のことがらがあなた自身にどのくらい当てはまりますか」との問に対し、「自分には長所があると感じている」に「そう思う」「どちらかといえばそう思う」と回答した者の合計

ないのか?」という質問が出てきます。ただ、「謙虚さ」だけ
では説明できないほかのデータもあるのです。

それは日本における「メンタルヘルスの問題」の多さです。

国の機関の調査では、日本全国の6割の事業所で心の問題を
抱えている従業員がいるとしており、それが原因で1カ月以上
休業するか退職した人がいる事業所は10%以上に上り、増加
傾向にあるというのです。

ですから、私たちは元気に生きていくためにも、「自己否定
のクセ」から抜け出さなくてはいけません。虚勢ではなく、心
から自分を肯定する習慣を身につけていく必要があります。

自己肯定感が高いと、自分を素直に見つめられますから、自
分の強みや長所に気づき、活かしていけるようになるのです。

ある社会心理学者の研究があります。

「自分は深く愛されている」という感覚を持ち、毎日を充実し
て生きている人たちと、人と良好な関係を築けず苦しんでいる
人たちとの、たった1つの共通する違いは、「自分は愛される
に値する」と信じているかどうかだというのです。

要は、「自分には価値がある」という感覚を持っているかど
うかです。

　自分には価値があると感じている人は、「完璧ではない、不完全である自分を受け入れている」といえます。まさに「あるがままの自分」を認めているということ。そのためには「自分はよくやっている」と常に感じることが大切です。

　そして、そんな心理状態になると、誰かを非難することもなくなり、思いやりが出てくるとのこと。自分自身にやさしくなった人は、周りにもやさしく、穏やかになるというのです。

　私はこの本の中で、「あなたは、すでにたくさんできている」と書きました。毎日「できたこと」を見つけてメモすることは、実はあなた自身が「あるがままの自分」を受け入れ、人生を楽しむための活動だったのです。

　そして、「うまくいくんだろうか？」「どこまでいけるだろうか？」と自分の未来に不安でいっぱいになったときでさえ、「これは大変だ……！」と騒ぎ立てるのではなく、いったん立ち止まって「できたことノート」を書くのです。
　そしてノートを読み上げながら、こう言います。
「これでちょうどいい。これがいまの私だ」と。

　不器用だっていいじゃないですか。明日、少しだけでも前に

進めばいいのです。このペースで十分です。この「小さな変化の道のり」が楽しいのです。純粋な心に触れながら生きているときこそ、人生は彩られるのですから。

　私がこの「できたことノート」を世に送り出そうと決心したのは誰もがお互いに「よくやってるね」「できてるできてる！」と、思いやる社会をつくり出したいからです。

「大それた理念だ」「そんなのは理想論だ」という方もいるかもしれません。
　でも私たちはみんな、自分らしく充実した人生を歩むために生まれてきたのです。それには「自分の脱皮を楽しむ日常」が必要です。
　この「できたことノート」が少しでもそのお役に立てたらと願いを込めて、筆を擱きます。

2024 年 5 月 1 日

永谷 研一

読者特典

「できたことノート」書き込み用シートを
無料でダウンロードできます。
ぜひ使ってみてください。

https://dekitakoto.jp/d-sheet/

カバーデザイン　吉村朋子
本文デザイン・DTP　石澤義裕(Kosovo)
本文イラスト　齋藤稔(G-RAM)
編集協力　黒坂真由子

［著者略歴］

永谷研一（ながや・けんいち）

行動科学専門家／発明家／株式会社ネットマン 代表取締役社長／長崎大学 講師
情報コミュニケーション学会 理事

1966年静岡県沼津市生まれ。1999年4月株式会社ネットマンを設立。学校や企業にITを活用した教育サービスを提供するパイオニア。校務・学習支援システム「Cラーニング」で全国の教育現場のDX化を推進する。また行動変容を促進するITシステムを考案・開発し、日米で特許を取得。米国でその功績が高く評価を受け、O−1ビザ（卓越能力保持者ビザ）が認められる。行動科学や認知心理学をベースに、1万5000人の行動変容データを検証・分析し、目標達成メソッド「PDCFAサイクル」を開発。多くの学校や企業の人材育成に採用されている。また、自己肯定感を高めてありたい姿を実現するための「できたことノート」を伝える講演活動を精力的に行っている。4人の子の父。

できたことノート＆手帳 公式サイト　https://dekitakoto.jp
株式会社ネットマン　https://netman.co.jp

1日5分 書けば明日が変わる
できたことノート

2024年6月1日　初版発行

著　者	永谷研一

発行者	小早川幸一郎

発　行	株式会社クロスメディア・パブリッシング

〒151-0051 東京都渋谷区千駄ヶ谷4-20-3 東栄神宮外苑ビル
https://www.cm-publishing.co.jp
◎本の内容に関するお問い合わせ先：TEL(03)5413-3140／FAX(03)5413-3141

発　売	株式会社インプレス

〒101-0051 東京都千代田区神田神保町一丁目105番地
◎乱丁本・落丁本などのお問い合わせ先：FAX(03)6837-5023
service@impress.co.jp
※古書店で購入されたものについてはお取り替えできません

印刷・製本	株式会社シナノ